U0495005

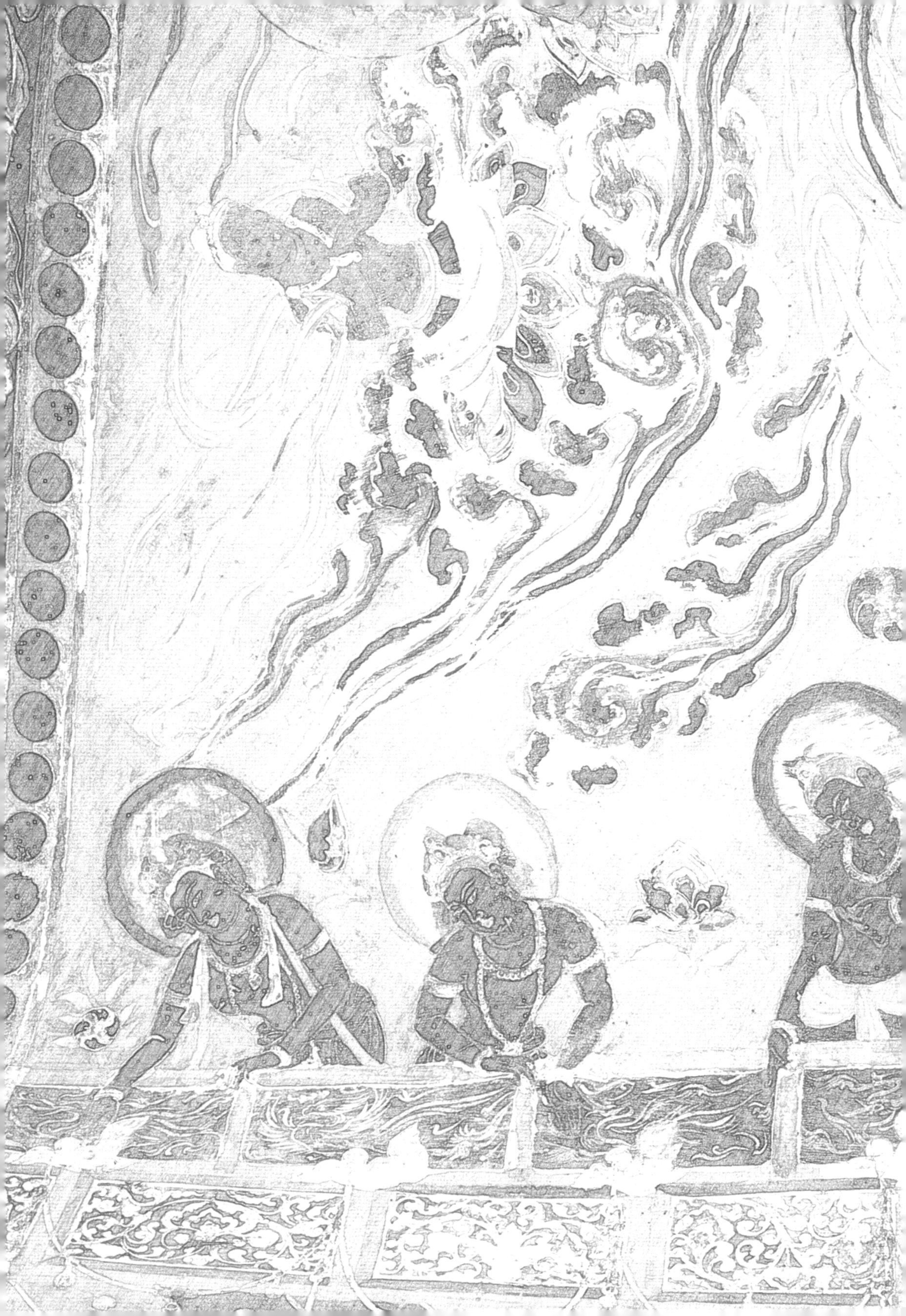

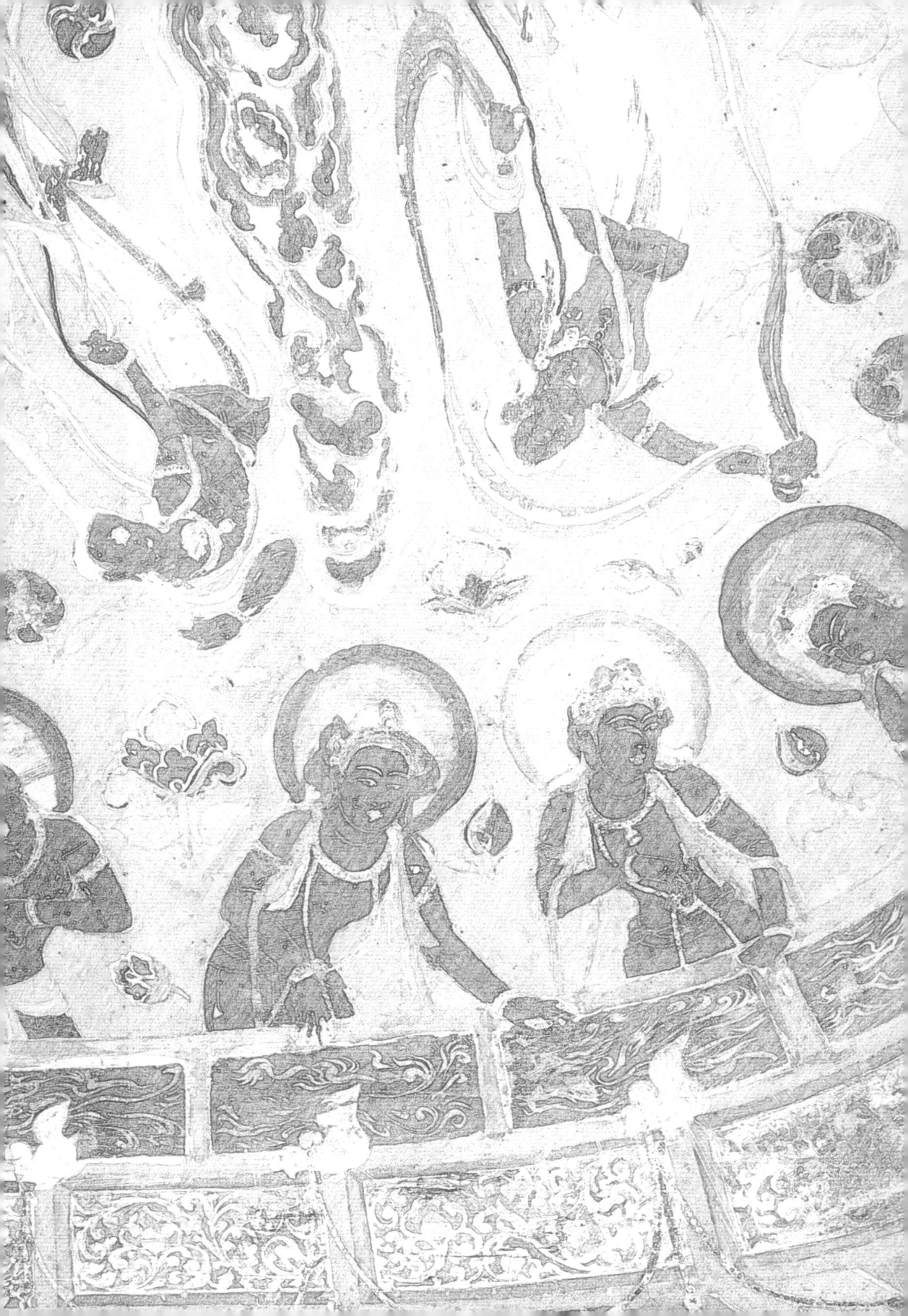

| 如果文物会写诗 |

博物馆里的甘肃历史

邢耀龙 著

甘肃教育出版社

图书在版编目（CIP）数据

博物馆里的甘肃历史 / 邢耀龙著. -- 兰州：甘肃教育出版社，2025.4. --（如果文物会写诗）. -- ISBN 978-7-5423-6189-9

Ⅰ. K872.42-49

中国国家版本馆CIP数据核字第20251NA308号

如果文物会写诗·博物馆里的甘肃历史

RUGUO WENWU HUI XIE SHI · BOWUGUAN LI DE GANSU LISHI

邢耀龙　著

项目负责	秦才郎加
责任编辑	董宏强
助理编辑	马逸飞
装帧设计	石　璞

出　版	甘肃教育出版社
社　址	兰州市读者大道568号　730030
电　话	0931-8773145（编辑部）　0931-8773056（发行部）
传　真	0931-8435009

发　行	甘肃教育出版社　印　刷　山东新华印务有限公司
开　本	787毫米×1092毫米　1/16　印张 18　插页 4　字数 217千
版　次	2025年4月第1版
印　次	2025年4月第1次印刷
书　号	ISBN 978-7-5423-6189-9　定　价　78.00元

图书若有破损、缺页可随时与印厂联系：0531-82079137

本书所有内容经作者同意授权，并许可使用

未经同意，不得以任何形式复制转载

序

一好友突然打电话给我，命我为《如果文物会写诗：博物馆里的甘肃历史》作序，当时第一个映入我脑海的念头是"这家伙喝高了"。我在博物馆工作，有何能力为这本书作序！友人解释说，书的内容以文物为题，以诗为表现形式，全景式展现甘肃悠久历史文明，想找一博物馆界的专家作序，我既为专家的头衔感到惭愧，同时又充满了好奇，文物还能入诗？

在北京读大学时，诗也曾是我的最爱，海子、穆旦、波德莱尔曾陪我度过好几个年头。我总觉得他们的诗中无时无刻不溢出一种沉郁的紫黑色调，也总是能感觉到诗人的挣扎和他们无尽绝望中的片刻狂喜。也许就是因为这个原因，我一直坚定地认为诗是情绪的描摹，不适合讲"理"，更不适合讲学术，所以又回到了那个问题，文物能入诗吗？

读完了诗集，我合卷沉思，发现还是没能够回答这个问题，诗人的每一首诗确以文物为题，而且对主题文物进行了深入细致的背景文献研究，但作品中并没有太多史实性的叙事，更多的是诗人的内心独白。直到《飞天》一诗中的句子——"自它朝我轻轻一笑，我就认出它了"再次浮现于我的眼前，我便也想通了，为什么不呢？花树可入诗，雪雨可入诗，文物自然也是可以的，只是要用别样的关照方式而已。诗人在用诗这种人类最古老的语言、心灵最直接的表达方式在写文物，他何尝不是用这种最纯粹的方式与历史对话并与自我呢喃呢？

作为一名博物馆的工作人员，我的任务是保护文物、研究文物，并把它们以展览的方式呈现到观众面前，弘扬中华优秀传统文化。而对历史的解读、对文物的解读可以有更多的方式啊！用诗意化的解读方式，让千年前的文物与现代人的心灵产生某种联系，可能也是一种选择，从而让读者朋友们"在博物馆的展览里……品尝出大汉的100种味道"。

是为序。

甘肃省博物馆馆长　班睿

序言

写这本书的缘起，是一个女孩子。

那一年，她九岁，正跟在我的身后参观大同博物馆里的文物，为了加强她对文物的记忆，我决定和她玩一个游戏。在参观博物馆之前，我早已经准备好了一首熬夜创作出来的诗，这是一首写给文物的诗，用第一人称的视角讲述了文物的历史。

我是一只南方的贝

来到大汉最北方的土地上

在平城，我与一只陌生的铜龟相依为命

只为抚平纸上波涛

当我把大同博物馆的重点文物讲完之后，就把这首诗交给了她，并提醒她这首诗里的每一个词都有意义，只有全部符合的文物才是这首诗的谜底。之后，她就穿梭在博物馆的各个展厅中去寻找她的答案了。

时间仅仅过去了十分钟，她就飞奔着跑到我们约定的集合点，直到扑在我的怀里才停住脚。是的，她果然找到了答案，这首诗的谜底就是汉代时期的嵌贝铜龟镇。

紧接着，她兴奋地向我解释说："这件文物是由贝壳和铜龟组成的，贝壳是由南方贸易来的，而铜龟是技术更先进的北方制造的，它们虽然都来自海洋，但因为材料不同，所以相互并不认识，是陌生的！"

听到这样的解释，我才深刻地体会到了诗歌的意义。诗歌几乎是所有人类文明最早的文字艺术，是人类童年的思想启蒙，所以请千万不要轻视天真的孩子，他们往往拥有着对诗歌的超强感知。就像我们读过的《静夜思》一样，人的童年需要诗歌的浇灌。当我意识到这一点时，她向我发问："'只为抚平纸上波涛'是什么意思呢？"

我解释说："这件文物制作的年代汉代，那是一个中国的南北方文化开始融为一体的时期，所以贝壳代表着南方的文化，铜龟代表着北方的文化。当位于汉朝最北的大城市平城出现了一个南方的贝壳时，代表着两种文化的对话和融合。这件文物是古人用来抚平席子或纸张的褶皱时使用的，文化在相互交流的时候会出现战争与和平两种情况，把中国的历史写在纸上时，这些故事就好像波涛一样起起伏伏。然而，我们最终"抚平"了南北方的对抗，形成了今天完整的中国。所以，这里的嵌贝铜龟镇，其实就是历代为国家统一和富强不断奋斗的中国人的化身。"

我注视着她清澈的眼眸说完了上面的话，她若有所思了一会儿之后，也紧紧地盯着我说："我喜欢这样的诗，以后，你能不能给我多写几首？"

没有一个成年男人能逃过女儿奴的命运，我在无人区守窟多年磨砺出来的坚毅的心，被这个孩子的一句话轻易地击倒了。答应的话几乎是脱口而出的，自从许下这个承诺之后，我在夜晚再也不敢懈怠，因为只要我打算偷懒提早躺下的时候，她的样子就会立刻出现在我的面前。我自然不能辜负一个九岁孩子的期待，为了早日完成对她的承诺，我重新拾起诗人的身份，开始给文物写诗。

我自幼喜欢诗歌，在初中时已经开始了诗歌创作，至今已经快二十个春秋了。当我为了她写文物题材的诗歌时，很快就发现了这件事存在一个巨大的问题。文物有着出土地、时代、材料、馆藏等诸多信息，如果毫无方向地选择文物写作是没有太大意义的。怎样才能让这些文物诗歌发挥更大的价值呢？

因为历史学的专业背景，我很快想到了办法。我曾经参观过国内很多座博物馆，积累了很多的图片素材，为了检索资料的方便，我就按照省份把各个博物馆的文物照片进行分类。在这个基础上，我完全可以挑选出每个省的代表性文物，按照时间顺序进行写作，从而用诗歌组成一部各个省的大历史。有了这个想法之后，我突然回忆起了在历史学专业学习的时候，读到过的那些史诗（《荷马史诗》《诗经》《罗摩衍那》），人类最早的历史就是写成诗的样子的！更加巧合的是，我的身上不就刚好兼具诗人和历史学者这两个身份吗？于是，我便开始了用诗歌写作历史的宏大计划。

六十甲子一轮回，在诗歌的数量上，我选择用六十首诗讲述一个省的历史。在创作手法上，我使用了第一人称的视角，让文物扮演一个会说话的人，以一种亲身经历的语感讲述文物的故事。诗歌作品最大的问题就是每一首诗都是一个独立世界，即使是由同一个诗人创作出来的，它们之间也往往是割裂的，让读者难以理解。与众不同的是，这本书中的六十首诗歌沿着文物的时间排序，宛如顺次登台的说书人，以诗歌为媒介，讲述了一个省历史文化的演变过程。所以，这本书并不是一本诗集，而是一部从文物出发的历史书。

所以，好的诗歌不是在描写这个世界，而是在创造一个世界。

为了让读者理解这些诗，我专门设计了"诗者说"的部分。这个部分首先交代了这件文物的细节和历史背景，因为这些文物是按照时间先后排列的，因此它们彼此之间就构成了一部以文物为线索的一个省的大历史。另外，我也简单诠释了我在创造这些诗歌时的第一个想法，但请你千万切记，诗歌一旦被创作出来，它的意义就不在诗人的手中了。这就好像今天我们对《静夜思》的理解和李白创作时的想法绝大多数的情况是不一样的。所以，诗歌的世界特别像齐天大圣的金箍棒，随着讨论的声音越来越多，它的内涵会不断扩大。比如我在写这本书的序言时，对书中的诗歌又有了新的理解，以至于一改再改。一千个读者心中有一千个哈姆莱特，我十分期待你能解读出这些诗的另外一副面孔。

  我常常给诗歌写作者说，好诗的标准是"一首诗能够容纳多少人"。比如当我们读到徐志摩的《再别康桥》时，这首诗中容纳了所有离别的人；当读到苏轼的"竹杖芒鞋轻胜马"时，这首诗中容纳了所有乐观的人；当读到杜甫的"月是故乡明"时，这首诗中容纳了所有思乡的人。

  因此，在文物诗歌的创作中，我突破了"一切历史都是当代史"的思想语境，以漫长的历史线为纵，以中国人的"天下"概念为横，搭建了一个足够大的世界，用来存放沉沙的"折戟"，用来安顿漫漶的面孔。

目录

- 002　彩绘符号陶片
- 006　人头形器口彩陶瓶
- 010　鲵鱼纹彩陶瓶
- 014　红陶人面像
- 018　旋纹尖底彩陶瓶
- 024　圆圈网格纹鸟形彩陶壶
- 028　变体神人纹彩陶瓮
- 032　镶骨珠骨簪
- 036　折线纹桶状彩陶杯
- 040　三狗钮盖彩陶方鼎
- 044　人形彩陶罐
- 048　人头銎钩戟
- 052　人面柄首铜匕
- 056　青铜麋鹿
- 060　青铜镂空双驼饰牌
- 064　云纹错银承弓器
- 068　鸳鸟形金饰片
- 074　两诏铜权

078	铜奔马
084	苣
090	木转射
094	悬泉置简
098	"白马作"毛笔
104	木羊群
108	令毋久酒简
112	马厩图木版画
116	铜马刷
120	驱驴急行砖
126	黄羊夹子
130	烧烤炉
136	绢底平绣人像
140	四时月令诏条
144	木舞俑
148	彩绘木舞俑
152	彩绘木雕鸠杖头
156	盾牌图壁画砖
160	驿使图壁画砖
164	伯牙抚琴壁画砖
170	食饭举陶奁

174	八鸟朝阳彩绘藻井砖
180	高善穆石造像塔
186	天梯山菩萨壁画
190	飞天
194	东罗马神人纹鎏金银盘
198	麦积山薄肉塑飞天
202	莫高窟接引佛影塑像
206	三兔藻井
210	象牙佛
214	凉州瑞像造像碑
220	彩绘灰陶袒胸胡人俑
224	放妻书
230	木马
234	景教十字纹牌饰
240	西夏字木印章
244	玄奘取经图
250	莲花形玻璃托盏
256	天梯山石窟坐佛造像
260	莫高窟六字真言碑
264	嘉峪关长城工牌
268	榆林窟"庄严法界"匾

大人者，不失其赤子之心者也！

在您即将开启这个由诗构成的世界之前，我要向序言中提到的那个女孩以及所有和笔者在博物馆里一起玩过诗歌游戏的小朋友们致敬！我从这些年轻的生命身上学习到了太多的东西，如果没有你们，就没有这些诗。

诗从来不是在描述世界，而是在创造世界。这本书就是我和一群孩子共建的一个理想国。亲爱的读者，欢迎您的入住。

彩绘符号陶片

出土地：甘肃省天水市秦安县大地湾遗址
出生日期：距今 8170—7370 年前
居住地：甘肃省博物馆

邢耀龙 摄

简介　　陶片分别长 7.8 厘米和 7.2 厘米。在大地湾文化的一些彩陶钵上，绘着红色的独体符号，已发现有"↑""+""×""｜｜"等十余种，是仰韶文化半坡类型彩陶钵刻画符号的前身，对研究中国古文字的发展源流有着重要的意义。

彩绘符号陶片

我与人类
从同一个子宫中出来
女娲在河边塑造了人
无数年之后
人终于觉醒了造物主的手艺
用同样的配方和手法塑造了我

我一出生，就是一个失语者
得到的则是更漫长的生命
我是一个哑口的容器
会说话的人
把我们的那个世界，折叠进
横平竖直的墨线里

诗 者 说

　　文字一直以来都被认为是文明的重要标志之一，单个几何符号出现的时代较早，分布广泛，西至甘肃，东到上海，南下广东，都有所发现。在仰韶文化半坡类型的各类遗址中，出土有不少此类刻画符号，它们大多位于陶钵外侧口缘的黑色宽带纹上，有简单的竖线、斜线、叉形，也有较为复杂的样式。大地湾遗址出土陶片上的彩绘符号是所有同类文物中最早的，这明显是介于结绳记事和文字之间的信息新载体，是文字的"小时候"，对研究中国文字的起源有着非凡的意义。正是出于这个原因，笔者把甘肃省博物馆馆藏的《彩绘符号陶片》当作这本书的开头，用来讲述八千年的甘肃历史文化。

　　诗的第一节从承载这些符号的陶器展开。围绕着"我从哪里来？"这个哲学命题，世界上的各个民族都发挥了他们的想象力，编写了各自的创始神话。在古代中国，人们认为是大神女娲创造了人，《太平御览》引《风俗通义》中记载的是"俗说天地开辟，未有人民，女娲抟（túan）黄土作人。剧务，力不暇供，乃引绳于泥中，举以为人。故富贵者，黄土人；贫贱者，引縆（gēng）人也。"从这里可以看出，女娲抟土造人的过程与陶器的制作极其相似，因此学术界普遍认为这是制陶技术在神话中的投影，而所造人类产生富贵贫贱之分则是人类进入等级社会的反映。

既然陶器和人类都是由土混合水制造出来的，那么，提供无限土壤的大地自然是孕育生命的"子宫"。因此，笔者写到"我与人类／从同一个子宫中出来"，陶器和人类是同胞兄弟，人类先一步诞生。随着人类社会的进步，他们终于觉醒了女娲深藏在人类基因里的创造能力，"用同样的配方和手法"发明了陶器。

第一节交代了造物主、人类和陶器三者之间的关系，陶器和人类有着不可分割的血缘关系。当然，这两兄弟之间也有不同之处。虽然都是由土和水制成，但陶器经过烈火的淬炼之后，获得了"更漫长的生命"，与此同时也失去了语言能力。陶器常常张着口，却说不出话来，是一个失语者。人类同样也是一个容器，用来传承积累出来的文明，并且用语言进一步丰富这笔财富，再把它传播出去。所以，人类是文明的容器。伟大的造物主对两兄弟十分公道，在赐予人类语言的同时，也限定了肉身的保质期，这促使人类迫切想找到"长生"的方法。

最终，人类和他的陶器兄弟达成了契约，人类用自己的能动性创造出可以容纳信息的符号，再把他们生活的那个世界折叠进这些符号里。陶器则利用它的稳定性负责留存，等待后来者从那些"横平竖直的墨线里"展开那个朴拙的世界，提取文明的信息。

所以，文字是文明的开端。

人头形器口彩陶瓶

出土地：甘肃省天水市秦安县大地湾遗址
出生日期：距今 5500 年前
居住地：甘肃省博物馆

简介　　高 32.3 厘米，口径 4 厘米，底径 6.8 厘米。器形为长圆柱体，下部略内收，腹双耳已残。口做圆雕人头像，披发，前额短，发整齐下垂。鼻呈蒜头形，鼻、眼均雕成空洞，口微张。两耳各有一小穿孔，头顶圆孔做器口，腹以上施浅淡红色陶衣，黑彩画弧线三角纹和斜线组成的二方连续图案三组。

人头形器口彩陶瓶

渭水的右岸
女娲在水面上第一次认出了自己
她有乌黑的长发
笔直的齐刘海
细长的眉眼
微微挺起来的鼻梁
再加上一个樱桃小嘴

在混沌里
从来不会诞生怀疑、歧视和占有欲
具象,是万物生发的起点
女娲的心里滋生出第一缕欲望
人则成为装载的容器

我是女娲创造的第一个人
我等了数千年
还没有等到女娲呼出的那口浊气

诗者说

甘肃彩陶有着源远流长的发展历史。在黄土高原西南麓的陇山山前地带，由于渭河经久不断地暴涨泛滥，两岸冲积出肥沃的土壤，适宜人们居住和耕作，成为中国农业文明的发祥地之一。这里纯净细腻的土质，为制作陶器提供了优良的陶土，成为中国最早产生彩陶的地区，被誉为"彩陶的故乡"。

在大地湾遗址出土的上千件陶器中，塑有人像的彩陶瓶仅存此一件。根据目前的研究来看，这件人头形器口彩陶瓶应该是原始宗教祖先崇拜的产物，是母系氏族崇拜的"祖先神"或"生育之神"。在原始社会，生育一直被视为最神秘的一种能力，因为母亲的肚子里蕴藏着生命的秘密，氏族力量的扩大全部依赖于此。因此，在这个时期，世界各地都出现了类似的"大肚婆"艺术，代表了当时的生育崇拜。

仔细观察这件彩陶的细节，可以发现圆雕人头像已经运用了雕镂、贴塑、刻画等不同的雕塑手法，反映了大地湾彩陶艺术的进步。人物头像的细节刻画得非常细致，双耳上用来系挂饰物的小穿孔都清晰可见，五官位置安排得均匀恰当，整个瓶身看起来宛如一位穿着花衣的美少女。瓶身绘有黑彩纹饰，进行绘制的圆弧纹和变体鸟纹恰似滚动的黄河水蕴藏着勃勃生机，微微隆起的腹部，让人很容易就联想到黄河母亲正在华夏大地上孕育着中国文明。

人像艺术出现时，代表着人类对"自我"的认知。在中国神话中，人是女娲根据自己的形象创造的，女娲在创造人之前，一定要在一种介质中看见自己，人是"自我"。于是，笔者把女娲安排在了"渭水的右岸"，使她在"水面上第一次认出自己"。她是怎样的形象呢？德国哲学家费尔巴哈说："如果上帝的观念是鸟类创造的，那么上帝一定是长着羽毛的动物；假如牛能绘画，那么它画出来的上帝一定是一头牛。"我们常说女娲造人，但女娲也是我们中国人创造出来的，因此，她被描绘成"她有乌黑的长发／笔直的齐刘海／细长的眉眼／微微挺起来的鼻梁／再加上一个樱桃小嘴。"这些特征被人类从"自我"中一一提取出来，这是人类开始认识自己的重要时刻。

在盘古时代的混沌里，"怀疑、歧视和占有欲"等这些情绪都不能存在，因为没有人类。"具象"的意思其实就是分别心，当人类开始把万物总结、归纳并取了名字之后，万物不再是它自己，而是被编织在人的意义之网中了。分别心其实就是人脱离万物而独立存在的第一种力量，就是女娲在渭水里第一次认出自己的时候，"自我"和万物从原来的一个整体转变成两件东西。自此，"女娲的心里滋生出第一缕欲望"，她开始关注自己，并用自己的形象造人。甚至，在《太平御览》引《风俗通义》中有了贵贱之分，那些被她亲手捏出来的是贵人，那些用绳子甩出来的变成了贱民。从此，人成为了装载这些的容器。

为了让人活起来，女娲会给他们吹气，人类装满她的七情六欲之后，就能长出双腿。那些离开渭水的人都是人头形器口彩陶瓶的同胞兄弟，我之所以如此之精致，是女娲保持最初的新鲜感时创造出的第一个人。然而，如今的我肚子里空空如也，我与那些同胞兄弟最大的区别就是"还没有等到女娲呼出的那口浊气"。

那么，亲爱的读者，你愿意让我获得那口"浊气"吗？

鲵鱼纹彩陶瓶

出土地：甘肃省天水市甘谷县西坪遗址
出生日期：距今 5200 年前
居住地：甘肃省博物馆

简介　　高 38.4 厘米，口径 7 厘米，底径 12 厘米。小口、长颈、平底、腹上部有双耳，颈部饰有一圈附加堆纹。瓶腹用黑彩绘制了一个人首形的鲵鱼图样，一双短臂向外伸出，全身为斜格纹，尾部弯曲。

鲵鱼纹彩陶瓶

神在创造人的时候
人也在创造神灵

无所不能的始祖啊!
你应该有灵活如蛇一般的躯体
用来逃避
你应该有锋利如鹰爪一般的双手
用来夺取
你应该有强大如鱼一般的繁殖力
用来迅速占有这个世界

最重要的是,你要有一颗人的头颅
用来思考设计这一切的意义

诗者说

鲵鱼纹彩陶瓶反映了彩陶艺术的一个重大变化，原来的尖底陶瓶逐渐被平底陶瓶代替，这预示着原始社会的重大进步，人类开始腾出时间平整地面，社会组织正在形成之中。为了把人聚拢起来，就需要在日常生活中寻找出一个图腾，从而塑造部落的意识共同体，在这种背景下，鲵鱼进入人的视野之中。

人类早期的聚落一般都是围绕着河营建，水是生命之源，但同时也会淹死不慎落水的人。那个时代，人类的食物一半生长在陆地上，一半生活在水里，这让没有鳃的人类十分羡慕那些两栖类动物，因为它们既可以上岸又可以入水，被视为神灵的宠儿。人类也希望自己拥有两栖生存的能力，因此这个时期的彩陶上开始频繁出现它们的身影。

鲵鱼在古代又名鲇鱼，《山海经·北山经》载："决决之水出焉，而东流注于河。其中多人鱼，其状如鲇鱼，四足，其音如婴儿，食之无痴疾。"由于鲵鱼具有类人的特点，常被人俗称为娃娃鱼，在彩陶上的鲵鱼图则进一步加剧了它的人格化。图中的鲵鱼首尾相接，尾部上翘，身上绘有网格状的鳞片，纹饰线条流利而灵动，变化丰富，宛如一条或跃在渊的神龙。鱼和龙的关系一直十分密切，从"鲤鱼跃龙门""鱼龙百变""鱼龙混杂"等词汇中，我们就能窥见它们之间相互转换的痕迹。《说文解字》："龙，鳞虫之长。能幽能明，能细能巨，能短能长。

春分而登天，秋分而潜渊。"鲵是水陆两栖动物，尤其还能上树，这暗合一步登天变成飞龙的寓意。因为两者之间的共通性，有不少学者认为这个图案具有原始龙的雏形，是中华龙的起源之一。

更加巧合的是，鲵鱼的脸酷似人形，两只眼睛炯炯有神，身躯卷曲似在游动，仿佛描绘的是一位人头龙身的大神。这件彩陶瓶出土于甘谷县，而这一带正是传说中的伏羲氏的诞生地，因此人格化的鲵鱼纹被认为是《列子》中蛇身人面的伏羲氏。由此可见，渭河上游地区是中华文明的重要发祥地之一，鲵鱼纹彩陶瓶的出土，为我们进一步探寻中华民族始祖神的原始面貌和中华龙文化的起源提供了考古依据。

诗的第一节从人和神的关系说起。人类在认知世界的过程中，有很多无法解释的问题，因此创造了神来填补这些空白。于是，人类发动自己惊人的想象力和创造力，在头顶的三尺之上创造了一个想象的世界。之后，人类又从这个想象的世界不断汲取精神力量，用来应对真实的世界。

在真实的世界里，人类永远面临着各种各样的挑战，为了将它们一一应对，人类开始赋予图腾神力。"你应该有灵活如蛇一般的躯体／用来逃避／你应该有锋利如鹰爪一般的双手／用来夺取／你应该有强大如鱼一般的繁殖力／用来迅速占有这个世界。"因此，每个图腾的背后，都代表着那个时代的一种需要。神灵是个缝合怪，直到被人装扮得无所不知、无所不能。

那么，究竟是神创造了人，还是人创造了神？面对这个问题，人类又为他们心目中的神灵设计了"一颗人的头颅／用来思考设计这一切的意义。"

红陶人面像

出土地：甘肃省天水市麦积区柴家坪
出生日期：距今 5200 年前
居住地：甘肃省博物馆

简介　　残高 15.3 厘米，宽 14.6 厘米。人像高颧阔面，眉稍隆起，嘴、眼镂空成横条状，鼻呈三角形，两耳垂各有一穿孔。

红陶人面像

山洞里的碎块被命名为石头,为什么?
苍天只会和掌握玉琮的人沟通,为什么?
神灵最喜欢的祭品是人,为什么?
人不等于人,为什么?

我的一生有很多问题
大祭司说:答案在未来!

那么,未来人
你现在有答案了吗?

诗者说

柴家坪遗址位于天水市麦积区伯阳镇柴家坪村东500米渭河西岸，红陶人面像是该遗址出土文物中最具代表性的一件。红陶人面应该是人面器口瓶或人面器口壶的器口部分，与大地湾遗址出土的人头形器口彩陶瓶类似，是整件陶器最能表现主题内容的核心部分。

这件器物属于马家窑文化马家窑类型。马家窑文化是萌生于甘肃东中部地区的一种史前文化类型，它是深受距此地不远的大地湾的仰韶文化影响而形成的一种新石器晚期的土著文化，以最早发现在临洮马家窑村而得名。马家窑文化分布极其广泛，它以陇西黄土高原为中心，东至渭河上游，西到河西走廊和青海东北部，北达宁夏南部，南抵四川北部，由此可见其影响力之大之广。

一支文化之所以分布如此之广，这与它内在的凝聚力和外在的扩张性息息相关。凝聚力要求这个群体必须有一种相对统一的文化内核和标识，扩张性则要求群体拥有协调一致的组织性。当我们看到红陶人面像时，这一切的疑问都迎刃而解。人像的普遍出现代表着人对自己外貌特征的总结和观察，当装载着智慧的头颅被安置在陶器上时，这是"祖先神"的诞生过程，人类社群将会被一个统一的信仰凝聚起来。另外，陶器从原来的规则器口变成了造型难度极高的人头型器口，代表着艺术的诞生，也代表着人将要花更多的时间用在器物制作上，这绝不是平民使用的日用器物。由此可见，阶级已经出现，世俗权力被发明出来，组织有了主动扩张的内在动力，社会演化的车轮提速了。

从功能上分析，这是一件史前部落在祭祀时用来装水的礼器。由于社会的阶层分化，一部分人从生产中脱离出来，他们扮演起先知或祭祀的角色，以思考为生，为社会提供不可或缺的精神食粮和凝聚力。因此，这件红陶人面像就好像是那个时代的思考者，正仰着头，向着茫茫苍天发问。

"山洞里的碎块被命名为石头，为什么？

苍天只会和掌握玉琮的人沟通，为什么？

神灵最喜欢的祭品是人，为什么？

人不等于人，为什么？"

除了思考者之外，先知们更多扮演的是答案的提供者，在数千年的历史上，他们给出了很多标准答案让人去执行。作为一个后来人，笔者不愿意穿上大人物的"靴子"为他们说话，而更愿意站在人民群众之中发问，因此才有了上述四个问题。

万物本来没有名字，是人为了利用才给了万物名字；阶级分化之后，普通人与自然"天人合一"的关系被切断，只有上层掌握了与苍天对话的正确的电话号码，玉琮只不过是一种伪装罢了；随着人类社会的进一步演化，连人也成为了另外一些人的私产，用来献祭；人从来都不应该是产品，但他们说人分三六九等，人不等于人，这是为什么！

生产力在不断提升的过程中，那些原来的答案被打破，之后又被新的答案覆盖，这就是人类社会演化的逻辑。这件文物在出土的时候，它的其他部分都没有被发现，只留存下来了一个仰着头思考的面孔，似乎在提醒未来的人。

到了今天，我们的周围也充斥着很多答案，那么你，向这些答案发问了吗？

旋纹尖底彩陶瓶

出土地：甘肃省定西市陇西县吕家坪
出生日期：公元前 3000—前 2700 年
居住地：甘肃省博物馆

邢耀龙 摄

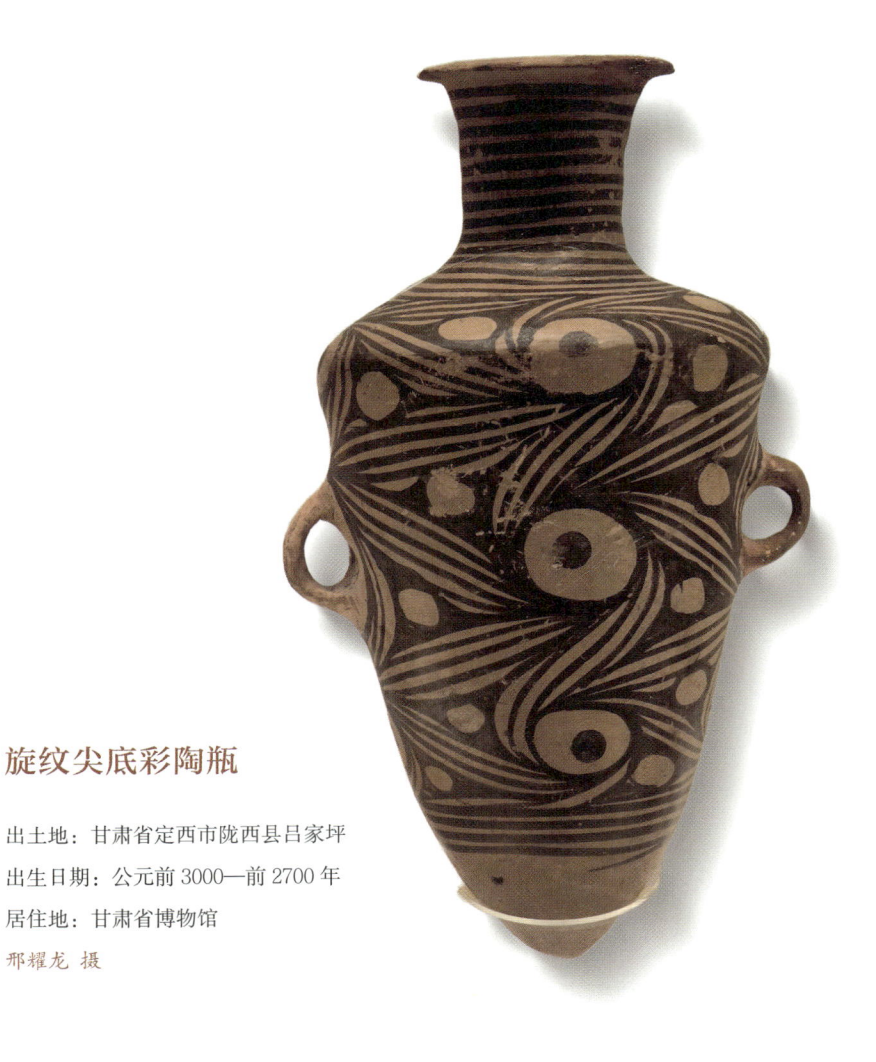

简介　　高 26.8 厘米，口径 7.1 厘米。尖底瓶，施黑彩，颈部绘平行条纹，肩、腹部绘四方连续旋涡纹。

旋纹尖底彩陶瓶

我的身上有无数只眼睛
那些比常人多出来的
是酋长精心设计的警示

因为出生的时候散失了太多的水分
我和人类一样
需要为了填充缺失的部分而奔忙一生

切记,"上善"的水潜藏着危险的另一面
当它从果实里流淌出来时
就能化身成堪比尧舜时代的洪水

自从那个叫鲧的人被卷进漩涡之后
我的身上长出第三只眼睛
向后人警示水面之下

诗者说

  1971年，陇西县首阳镇吕家坪村的村民苟福元，在罗家山路口取土时偶然挖出了一个陶瓶，这是他今日农忙时的意外之喜。当他把这个瓶子带回家之后，又犯起愁来，只因为它奇怪的形状。原来，这是一个尖底的瓶子，所以没办法把它放在桌子上使用，思来想去，苟福元只好用一根绳子系在瓶子的双耳上，把它挂在墙上，用来放润滑油。

  这件脆弱的陶瓶在惜物的农民家里安稳地度过了五年。有一天，定西地区文物普查组和陇西县文物普查组普查吕家坪古文化遗址时，中午到遗址附近的苟福元家讨口水喝，在普查组同志举着瓢牛饮时，就看到了墙上挂着的满是油渍的那件陶瓶，旋纹尖底彩陶瓶就这样被发现了。

  当考古学家第一次见到这件旋纹尖底彩陶瓶时，他们集体陷入了沉思。尖底瓶的造型实在是匪夷所思，在仰韶文化遗址中，小口尖底瓶贯穿于仰韶文化的全过程，历时长达两千余年，因此它绝不是造型独特的艺术品，而是一件十分常用的生活器皿。那么，它究竟是用来做什么的呢？

  起初，学者们普遍认为尖底瓶是既省力又方便的汲水器，并把这一观点编进了中学教材。大致思路是，将绳子系在器物双耳上，当瓶子放到水面上的时候，由于重力作用，瓶口会自然向下，待水将满时，

甲骨文"酒"字

重心下移，瓶子会自动竖起。然而，实践是检验真理的唯一标准，当这个想法落实在实验中时，发现尖底瓶汲水并不实用。尖底瓶放到水上后，因为上部比下部重，一开始确实能倾倒自动灌水，但当灌到一半时，重心下移，口部又自动翘出水面，所以无法把水灌满。

那么，尖底瓶真正的用途是什么呢？

侦探界有一句俗话叫"尸体会说话"，当然，这句话在考古学界也同样有效。随着科技考古手段的不断进步，专家们对半坡遗址和姜寨遗址出土的尖底瓶进行了详细的化验分析，结果表明尖底瓶内存在酒的残留迹象，揭示了尖底瓶其实是古代的酿酒器。之所以设计成小口和尖底，是利于酒的发酵和沉淀，揭示了在仰韶文化时期中国农业的发展水平和酿酒技术的产生。此外，尖底瓶口的刮痕和发现的芦苇茎叶证据表明，古人可能使用芦苇管从尖底瓶中饮酒，类似于今天街边随处可见的奶茶的饮用方式。想象一下，如果我们穿越到四千多年前的甘肃，你会在部落里的广场上看到前来集会的青年男女，捧着一个旋纹尖底彩陶瓶正吸吮着清凉解渴的"甘肃甜胚子"①，一定能引出你不争气的口水。

商代，仰韶文化的小口尖底瓶逐渐消失，但令人激动的是，甲骨文中却保留了关于尖底瓶的历史记忆。甲骨文中的"酉"字是代表酒的符号，这是一个象形字，从图像上来看就是一个尖底瓶的形状。沿着这个思路，专家们发现，甲骨文中的"饮"是一个人伸手扶着尖底酒坛，张口吐舌向一个坛子舔饮的形状，有可能描绘了古人用芦苇管从尖底瓶中饮酒的情景。

更重要的是，尖底瓶的身上还揭示了另外一件更重要的真相。"中华文化西来说"曾是一个广为流传的说法，认为仰韶文化的彩陶源于中亚，然而尖底瓶的研究彻底颠覆了这个观点。通过考古发现，苏美尔和古埃及也出现了大量的尖底瓶，造型与马家窑文化的尖底瓶一模一样，其用途也是酒器，但时间上却晚于仰韶文化。马家窑文化的尖底瓶经历了漫长的演化过程，而苏美尔和古埃及的尖底瓶缺少演化痕迹，这让人们不得不重新思考苏美尔文明受外来文化影响的历史。另外，楔形文字中出现的尖底瓶符号与中国的"酉"字十分相似，似乎也表明了中国文化对于楔形文字的影响。通过对尖底瓶的研究，开启了学术界对中国古代文明的起源和发展轨迹的新探索，为中华文明和世界文明互动的命题提供了新材料。

旋纹尖底彩陶瓶出土于甘肃省定西市陇西县吕家坪，笔者的故乡也在定西市，距离出土地仅有几十千米，由此可见笔者与该文物之间的渊源。瓶身上出现了多个漩涡，这是对故乡水文的精准描写。笔者所在的黄土高坡上没有大江大河，小溪的水绝大多数都是地下水溢出

---

① 古代的酒是粮食发酵酒，做法与甜胚子相似。

形成的地表径流，因此在水源地常常能见到漩涡。小的时候，每每跨过小溪的时候，笔者都把漩涡想象成大地流泪的眼睛，长辈们会告诉孩子们说，那是大地母亲对我们的悲悯。有趣的是，这件尖底瓶的身上有"很多眼睛"，在我们知道的那些神话故事里，多出来的那些眼睛通常有辨明忠奸真假的作用，所以这是一种"警示"。

陶器烧制的过程就是散失水分的过程，从而让陶器变得坚硬。尖底瓶是用来装液体的，笔者就把收集水分当作它的使命。这么看来，空空的瓶肚子是"为了填充缺失的部分而奔忙一生"，这和口渴的人类似乎没有什么区别。但是，这个填充缺失的过程需要警示！像水既可以浇灌农田又可以摧毁村舍一样，任何事物都有利弊两面。从果实里发酵出来的水是酒，这是水的另一面，如果喝多了，它就会变成"尧舜时代的洪水"，可以冲毁脑袋里的一切，把人卷进漩涡之中。

除此之外，缺失的水分也代表了物质。人为了生存，一直奔忙在收集粮食、财富、水源的路上，然而，这个过程最适合喂养欲望。当占有欲膨胀的时候，危险就像潜伏在水面之下的鳄鱼，正露出两个眼睛凝视着。就比如这件彩陶，它的容量能承载的东西有限，太多就会被撑破，当明白了这一点，我们才能理解那些眼睛的意义。

圆圈网格纹鸟形彩陶壶

出土地：不明

出生日期：公元前 2700—前 2300 年

居住地：甘肃省博物馆

简介　　陶壶为鸟形，壶口偏于一侧，圆肩圆腹，下腹内收，平底，双腹耳，短尾銎。腹部绘四圆圈，圆圈内填网格纹。

圆圈网格纹鸟形彩陶壶

当权力被发明出来之后
人死了,就不能画一个句号草草了事

在莱特兄弟出生之前
天空是存放谎言最安全的地方

为了把祖先安置在云上
我被设计成鸟的形状
用来承接灵魂和想象

等我返回时
他们在大地上高呼:
天命玄鸟,降而生商! ①

---

①《史记·殷本纪》:"殷契,母曰简狄,有娀氏之女,为帝喾的次妃。三人行浴,见玄鸟堕其卵,简狄取吞之,因孕生契。"

诗者说

原始彩陶的几何纹样中，除了走对自然物的整理和简化这条艺术道路之外，有一部分纹样直接来源于人在从事物质生产时观察到的器物表面肌理效果，比如绳纹、编织纹、网纹等。编织器是新石器时代人们除了陶器之外最重要的工具类型，因为编织的工艺，器物表面的肌理就是一种几何形纹样。其中，网格纹是马家窑彩陶中最具代表性的一种装饰纹样，呈现为规整的几何图案，线条粗细均匀，构图明快而富有动感，同时还可以与其他装饰图案组合在一起，产生更加丰富多彩、流畅自然的效果。彩陶壶的网格纹圆圈轮廓用红彩绘制，内部则用黑彩绘制，颜色明亮鲜艳，但又不失和谐。另外，马家窑彩陶已经出现了成熟的留白艺术，用来表现物体的明暗关系和空间感，突出纹饰的重点，呈现出更具层次感的视觉效果。在艺术的组合上，工匠已初步注意到均衡、调和、虚实、粗细、大小、疏密的间隔以及强弱等的对比手法，形成了诡异多变的装饰效果。

人类编织网格的目的是用来抓捕水中的鱼和天空中的鸟，有趣的是，这件器物的造型就是一只鸟，这种矛盾的意象使圆圈网格纹鸟形彩陶壶有了哲学的意味。从诗人的角度来看，这两种纹饰的组合为诗歌提供了两种意象：一方面，我们可以理解为这是一只勇敢的鸟，现实社会有很多限制和阻碍，它奋力从网中挣脱出来，从而找到上天赋予鸟类飞翔的天性；另一方面，两侧的把手是它短小的翅膀，器物上的网格纹从腹部一直延伸到器口，这是一只被网住的鸟，笨拙的身躯困在细密的网格中，让它一动也不能动。

如果人是这只鸟的话，各种规矩、制度、条律就是网格。在人群里，总有一些人不在网格之中，那就是制造网格的那些君王。最开始的权力几乎都来自"神授"，为了存放那些神，君王开始在罗网之外寻找，"在莱特兄弟出生之前／天空是存放谎言最安全的地方。"在这个神灵世界里，最理想的移民就是那些逝去的祖先，因为只有白骨才不会说话。

虚空中的世界被制造出来之后，需要把祖先们带到天上去，在当时，只有鸟才能在天空中翱翔。于是，鸟成为君王任命的往返于天地之间的"快递员"，用来承接祖先的灵魂和统治者的想象力。当鸟儿完成任务返回人间时，它带来的就是神灵赐予的天命和教条，这些都是编织网格的好材料。当年商汤在鸣条之野振臂一呼"天命玄鸟，降而生商！"所有人就落到了这张商人编织的意义大网上，一个崭新的王朝诞生了。

变体神人纹彩陶瓮

出土地：甘肃省兰州市红古区土谷台
出生日期：公元前 2300—前 2000 年
居住地：甘肃省博物馆

简介　　高 44 厘米，口径 19.4 厘米，底径 10.8 厘米。土黄陶，敞口，短颈，溜肩，鼓腹，腹部附有两耳，平底圆足。陶瓮肩部以黑彩波折条带纹绘有两组神人纹，在圆圈回形纹间绘有两组网纹，口沿内彩为齿纹，是马家窑文化马厂类型的典型纹饰。

变体神人纹彩陶瓮

天圆地方
人类在天地之间的夹缝中生活
盘古倒下之后
天依旧往上升,地依旧往下沉
在产生美之前
距离首先产生的是猜疑

为了能把盘古分开的天地连接起来
我被伪装成神,仰着头
只为窥探分手的真相

诗者说

神人纹最早的命名者是瑞典学者巴尔姆格伦，但此后的一些专家学者又称其为蛙纹，因为神人纹的四肢像蛙肢，而代表生育崇拜的蛙在早期文化中十分常见。神人纹最初出现在马家窑文化的彩陶上，延续时间很长，到了马厂时期，彩陶器表装饰的神人纹数量剧增，逐渐发展成为马厂类型最具典型性的纹饰，也是半山、马厂类型彩陶中唯一具有象生性的纹饰。早期的神人纹描绘地比较具体，有表现人形整体的，也有只表现面部特征的。面部描绘得较为细腻，接近人的形象，一般出现在盆或钵这类器物上，如甘肃出土的人面纹彩陶盆和青海出土的舞蹈纹彩陶盆等。这时的神人纹，虽然比较抽象，但身体比例协调。发展到马厂时期，神人纹演变得更为抽象，有的仅以局部的变体纹样表现，完整的神人纹很少见，出现了独具创造性的各种变体形式，最后演变为几何纹样。从神人纹的演化逻辑看，完全符合艺术从具象到抽象的过程。

关于"神人"一词的来历，多见于古代神话传说，《山海经·海外南经》记载："有神人二八，连臂，为帝司夜于此野，在羽民东。其为人小颊赤肩。尽十六人。"《淮南子·地形训》云："有神二人，连臂为帝候夜，在其西南方。"根据文献的描述，"神人"的形象是手臂相连，面颊很小，红色的肩膀，共十六个，这与马厂时期出现的折枝状的变体神人纹有相似之处。

甘肃省博物馆馆藏的这件变体神人纹彩陶瓮，神人纹肢体强壮，关节处长有肢爪。陶瓮的颈肩相交处绘一条黑彩圈纹，它与陶瓮的口组合在一起，是神人的头。有趣的是，两位神人共用一个头，这种设计与莫高窟隋代洞窟内出现的三兔共耳藻井图案有异曲同工之妙，两者时间间隔近三千年，由此可见人类艺术创造的底层逻辑的相通性。

这件陶瓮的器口为圆形，腰部有一条平直的线，似乎暗合了中国传统"天圆地方"的宇宙观，居中的神人则承担起连接天地的功能。在中国创世神话中，是盘古分开了天地，即《三五历纪》中记载的"天地混沌如鸡子，盘古生其中。万八千岁，天地开辟，阳清为天，阴浊为地。盘古在其中，一日九变，神于天，圣于地。天日高一丈，地日厚一丈，盘古日长一丈。如此万八千岁，天数极高，地数极深，盘古极长。"因此，这首诗的第一节以盘古开天地的典故开始。

天地原本是混沌一团，盘古开天地之后，人类就在"天地之间的夹缝中生活"。然而，盘古死后，为什么"天依旧往上升，地依旧往下沉"呢？因为阳清为天、阴浊为地，所以在这里不是天地在分离，而是"清者"开始厌恶"浊"，"浊者"也开始摒弃"清"。万物原本是由倒下去的盘古分化而成的，但因为"清"和"浊"的对立，本来同源的万物开始出现隔阂和猜疑。

国家诞生之后，最开始的权力都是由神赐予的。中国传统哲学讲究"天人合一"，因为源自一脉的血缘，我们这些盘古的孩子们总想着把"天地"再次连接起来，消除人与人之间的隔阂，从而抵达圣人所说的"仁"。为了把所有人都凝聚起来，人类创造了那些来往于天地之间的神，用来替天说出关于"合"的格言，用来弥合这个碎片化的世界。

镶骨珠骨簪

出土地：甘肃省金昌市永昌县鸳鸯池
出生日期：距今 4000 年前
居住地：甘肃省博物馆
采自甘肃省博物馆官网

简介　　长 11 厘米，是古人类束发绾髻的装饰品。这件骨簪以黑树胶制成圆锥体的柄部，顶端镶一件白色圆骨片，柄部黑胶周身镶 36 颗白色骨珠，显示出精湛的工艺水平，是原始社会骨簪的精品。

镶骨珠骨簪

当山洪过去之后,死亡
会显露出真相

逝去多年的祖先只剩下零散的白骨
似乎这才是本质和全部
在荒原上奔忙了一辈子的父亲和母亲
无缘看见这个世界的变化

我被后人打磨成一根锋利的针
除了用来刺破皮毛
也常绾起今人受之父母的长发
好让他们看清眼前的这个世界

诗 者 说

　　从人头形器口彩陶瓶和红陶人面像开始，我们已经看到了人类对头颅在身体各部位中重要性的思考，作为装载人类智慧的容器，它是人区别于其他生物的重要标志。头颅是人体位置最高的部位，人类最早的装饰品应该就是围绕着头颅开始的。为了装饰这颗头颅，人类穷尽想象之能事，创造了各种各样的装饰品，其中就有簪。

　　年华灼灼艳桃李，结发簪花配君子。发簪的使用可追溯到新石器时代，这个时期的发簪主要是用动物的骨骼磨制而成。夏商周时期，簪子已经出现了许多种类，有用金玉制作的，也有用木质材料制作的。西周时期，随着社会的安定和生产力的提高，贵族妇女们对头发的装饰越来越讲究，此时流行金制或银制的发簪。秦汉时期，发簪进入爆发期，步摇、簪钗等都出现了，妇女喜欢在高髻上插上各种簪子，用来显示富贵，这种发型被称为"钿子"。隋唐五代十国时期，因为东西方围绕着丝绸之路交流密切，簪子的形制和工艺得到进一步发展，出现了金银或铜等金属材料制成的花簪。簪子上的装饰品也越来越多，用羽毛、珍珠、珊瑚、玛瑙等珍奇之物来装饰发簪，工艺越来越复杂。之后的宋元明清等时代沿着这条技术路线，不断探索和创新，出现了更多的种类，在此不再赘述。

　　甘肃省金昌市永昌县鸳鸯池出土的这件镶骨珠骨簪由羊前腿磨制

而成，这根羊前腿有一条劈裂的痕迹，先民们巧妙地磨去裂纹，经过细致打磨，一根精致的骨簪就制作完成了。因为制作材料是羊腿，从中也可以看出四千年前河西走廊上的生物结构。这里长期以来是草原民族游牧的草场，中原王朝把大量农民迁徙到这里后，开始了大规模的屯田活动，原来遍布河西走廊的"草"开始向"禾"进行转变。所以，从小小的骨簪上，我们就洞见了河西走廊自然环境和人文社会的演变。

在诗歌中，骨头的意象是死亡，在考古学上，尸骨和墓葬往往隐藏着很多历史真相，一如尸体对于法医的意义一样。因此，在本诗的第一节，笔者刻意安排了一场"山洪"，让河西走廊上的先民和他们食用过的牛羊的尸骨全部裸露出来，好让我这个历史研究者从中翻找出真相。

第二节中，祖先的白骨裸露出来。在人类的祖先崇拜中，认为那些逝去了的人变成了神，在天上护佑着后世子孙。但是，当白骨被"思想"的山洪冲出来之后，是一次本质的显露，这种想象便开始动摇。

那么，到底是身前陪伴重要，还是身后怀念重要呢？

最后，笔者把这根羊腿骨想象成祖先的骨骼（石器时代也有以人骨制作簪子的情况），把它"打磨成一根锋利的针"。那个时代的物资有限，一件器具往往有很多种用法，比如骨簪也可以当作穿孔的针来使用。皮毛在诗歌中的意象是"表象"，刺破了皮毛之后，当然看到的是真相。父母逝世后，这个世界在发生着巨大的变化，四千年前的河西走廊的自然环境和人文环境也面临着诸多挑战，这些他们都无缘得见。因此，笔者就把骨簪插在了"受之父母的长发"上，这被绾起的长发是上一代人的旧观念，很容易遮蔽人们眼前的视线。头顶是一个人的最高处，把骨簪安置在这里，新一代人就可以不被旧观念束缚，从而可以"看清眼前的这个世界"。

折线纹桶状彩陶杯

出土地：甘肃省金昌市永昌县鸳鸯池
出生日期：距今 4000 年前
居住地：甘肃省博物馆

邢耀龙 摄

简介　　高 13.4 厘米，口径 6 厘米，底径 6.1 厘米。器表施红色陶衣，上饰黑彩。杯口沿内施横平行折线纹，腹部绘平行折线纹。

折线纹桶状彩陶杯

这是第一次
人类在我的身上放弃了信仰

那些不知柴米贵的后生们有着丰富的想象力
他们把多余的粮食和器物埋在墓坑里
以为这样就能让地下世界的亲人衣食无忧

泥坯之下的轮是从时间之乘上拆下来的
图腾被简化成商标
用以装饰这个物欲的世界

诗者说

　　折线纹又称"曲折纹""波折纹""三角折线纹"等，由连续折曲的线条组成，如同水波纹，有专家猜测也可能是山的象形手法。这件彩陶杯泥料淘洗得非常到位，使器物的表面细腻光滑，器型规整秀美，非常具有现代性。杯身以黑彩绘制上下两层三角折线纹，用一道直线沿着把手将这两个部分分开，给人一种生动活泼、刚强有力的秩序美，体现了制作者精巧的构思和高超的技艺。这件器物的比例十分和谐，陶匠们注重选用合适的色彩搭配，将纹饰的大小、位置进行合理设计，使重心下移到略微鼓起的腹部，反映了中国传统文化对比例美学的重视。

　　我们在自然界中几乎不可能看到标准的直线，自然也看不到完美的正方形，因为这种图形只有人类才能制造出来。人类之所以能为自然所不能，是因为人有了解自然界的主动性，然后把从自然物中领会到的形式和规律分离出来，从而形成了几何抽象的概念。"抽象"的诞生是人类社会发展的一个关键时刻，代表着人类开始在万物中寻找规律，找到表象背后的"道"，用来指导现实世界中的行为。所以，这件折线纹桶状彩陶杯上出现的几何纹样十分重要，代表了马家窑文化发展的一个重要阶段。

　　除了思想界的进步之外，几何图形的出现也引发了社会生产力的变革。原先，一个陶匠用具象的方式在陶器上仔细描摹一只鸟的时候，可能需要好几个小时的时间，而且不能保证每一只鸟都完全相同。这样制作出来的陶器虽然在艺术上独具匠心，但它有两个致命的弱点：

一是单个陶器的制造过程太长，产量较低；二是图案没有统一性，影响图腾或标记在社群之间的传播。当几何图案出现之后，最伟大的变革是"标准化"，从而带来了三个好处：一是这种简略的图案降低了绘画的门槛，使更多的人可以参与到彩陶制作中，行业开始出现；二是提高了绘画的速度，熟练的工人几乎在一分钟内就可以绘制完成，提高了单位时间内彩陶的产量；三是图案有标准可循，类似于今日商业世界的商标，增强图案的传播力。所以，彩陶上出现的几何纹，不仅代表着审美的变化，也代表着制陶产业生产力的提升，这背后反映出来的则是人类社会的巨大进步。

为了表现折线纹反映出来的人类社会的变化，笔者在诗歌的第一节就直接点题，直击要害，"这是第一次／人类在我的身上放弃了信仰。"为什么会放弃信仰呢？诗歌的第二节讲出了原因。原来，随着生产力的进步，粮食和生活用具都出现了剩余，致使人类的社会心理发生了巨大变化。在生产力落后的时代，人类靠天吃饭，所以对神灵保持着纯粹的敬畏。但随着各种工具的发明，人类发现社会财富的增长并不是全部由神灵赐予的，其中人的智慧和双手起了关键作用，人的自我价值感开始觉醒，人发现了人的伟大。之后，人开始更多地关注自身利益和福祉，其中最重要的是生命和权力的延续。因此，那些本来应该用来救济穷困的"粮食和器物"被埋在了墓坑里，只是为了让逝去的家族成员，在地下世界也能保持物资优势，富贵绵延。

社会生产力的进步不可逆转，只会越来越快，陶器轮制法的关键是泥坯下的木轮，笔者就把它想象成了"从时间之乘上拆下来的"时间之轮。彩陶纹饰从复杂到简单的过程，就是生产力和审美进步的过程，当历史上的那些图腾逐渐被简化成商标的时候，就预示着一个新时代的到来。

三狗钮盖彩陶方鼎

出土地：甘肃省玉门市火烧沟遗址
出生日期：距今 3900—3400 年前
居住地：甘肃省博物馆

简介　　通高 27 厘米，口长 23 厘米，口宽 12 厘米。鼎盖上塑三只束耳站立的犬，方鼎上原绘深灰色凸彩网带纹，现大部分已脱落。

三狗钮盖彩陶方鼎

为了在竞争激烈的自然界里存活
我退出了自己的族群
选择依存人
契约一旦签订
就续签了数万年

为了一口饭吃
我陪伴了人类的整个童年
在地下世界里
我则被阻挡在粮食之外
看守主人的口粮

我一生看守了很多东西
唯独没有守住自己

诗者说

　　三狗钮盖彩陶方鼎出土于甘肃省玉门市火烧沟遗址，时间大致属夏代，文化类型属四坝文化。四坝文化因为在甘肃省山丹县四坝村发现而得名，主要分布在甘肃省河西走廊中西部地区，东起山丹，西至瓜州及新疆东部哈密盆地一带，是河西走廊最重要的一支含有大量彩陶的青铜文化。这件器物的造型是鼎。鼎最初的功用是食器，相当于古代烧饭的釜和现代的锅，是用来盛煮食物的。三狗钮盖彩陶方鼎是中国早期鼎的代表，三代时期青铜鼎成为主流，原本的食器也逐渐演化成祭器和礼器。因此，受齐家文化影响的四坝文化是新石器时代和青铜时代过渡阶段，三狗钮盖彩陶方鼎则代表着中国从彩陶时代迈向了青铜时代。

　　这件方鼎造型独特，在器盖上出现了三只狗，狗小耳直竖，双目圆睁，小口微张，尾巴下垂，似做警戒状，姿态生动。这种奇特的造型在彩陶中是罕见的，也是迄今为止发现最早的狗的形象。那么，狗是什么时候被人类驯化的呢？

　　根据生物学家的研究，狗是由狼驯化而来，驯化的过程持续了很长的时间。在世界上，最早发现的狗化石是中国吉林省榆树市发现的狗头骨化石，距今 2.6 万年至 1 万年前，东北地区的祖先在世界上率先成功驯化了一些"来自北方的狼"，使其成为家犬。

狗驯化的过程与人类社会的发展息息相关，只有当人类产生了粮食剩余时，才有为狗持续提供口粮的可能。对于狼而言，也许是因为人类食物的诱惑，也许是因为在人类生活区附近捡垃圾更容易，一些生活在中国的狼放弃了它们的野生生活，走进了人类的生活圈，代价则是丧失野性和自由。

把狼驯化成狗的究竟是男人还是女人呢？关于这个问题的讨论至今还没有定论。持女人说的观点认为，成年狼被猎杀，成为人类的美餐，小狼则被带回村庄待长大之后宰杀。在长大的过程中，小狼是由妇女喂养的，并且成为孩子们的玩伴，最后驯化成家犬。持男人说的观点认为，男人捕猎的时候经常被狼尾随，等着捡起猎人丢弃不吃的边角料。久而久之，猎人和狼逐渐熟悉，建立了亲密关系，愿意互相帮助获取猎物，狼在完全获得人类的信任之后就成了家犬。

诗歌第一节从狼到狗的驯化过程开始写起，自从狗参与到人类活动中之后，人们发现它们有敏锐的嗅觉，忠诚勇敢，具有追踪、防御、善于战斗和协助狩猎的能力。因此，人类开始有意识、有目的地进行驯化，使狗成为人类捕猎的最佳搭档。

三狗钮盖彩陶方鼎是陪葬品，所以在诗歌的第二节，笔者把方鼎上的狗狗们复活，以它们的角度来看人类社会。它们之所以被驯化，就是"为了一口饭吃"，从而成为主人最忠诚的看门狗。但到了地下世界，那个日渐腐烂的主人却从来不会给它们分享方鼎里的食物，它们被定格在方鼎上，目的是用来喝退那些无家可归的灵魂。

最后一节，笔者又回到了狗的身上，等它陪伴了人类的生和死的全部过程之后，再来审视它当时的选择。它为了在竞争激烈的自然界里存活，选择依附于人，日夜替人类看守最重要的东西，可"唯独没有守住自己"。

人形彩陶罐

出土地：甘肃省玉门市火烧沟遗址
出生日期：距今 3900—3400 年前
居住地：甘肃省文物考古研究所

简介　　属于四坝文化，一级文物。高 21 厘米，口径 4 厘米，底径 7.2 厘米。为人体造型，内部中空可作器物使用。陶罐的材质为夹砂红陶，通体施红色陶衣，黑彩。口部略外侈，双臂外扩，正好作器物的双耳。颈部画一条黑线和网格纹，犹如胸饰。腰至裆部为网格纹，两腿到脚尖有多条黑色直线及折线作为装饰。

人形彩陶罐

人的肉身是诸神的容器
上帝用来装填原罪
女娲用来留住容颜
佛陀用来涅槃时的抛弃

我被造物者塑造成一个双手插兜少年
烈火烤制的工序
是永葆青春的秘诀

我中空的躯壳,用来
装满被掠夺的水分和新鲜的血液
它们一次次灌进我的身体里
又被人一饮而尽

躯体曾贪婪地储存过很多东西
当把它们全部放空时
我仍旧是那个翩翩少年

诗者说

1989年，清泉中学的师生们在学校附近植树，无意间挖出了一件陶器，等找出它的全部碎片时，一张青春的面庞从夹砂红陶的残片上浮现出来。

很快，这件陶器就被带到了甘肃省文物考古研究所，等修复专家把它拼接出来时，才发现这是一件人形彩陶罐。这件彩陶罐，与此前发现的彩陶有着很大的区别，整体来看，它就是一个双手插兜站立的"翩翩少年"。他有着男孩子精干的短发，头上没有任何装饰品，五官比较立体，高鼻深目的面孔表明了他的草原民族身份，双耳开孔，嘴角上翘微微一笑，生动的表情让人一下子就能陷入到他深邃的眼眸中。他的身上穿着短上衣，网格状的精美项饰放在今天都是十分时尚的，下身也着网格纹的长裤裙，双手插在裤兜里，硕大的双脚上穿着肥大的高筒靴子。可见四坝文化的工匠已经有了十分纯熟的雕塑工艺，把一个少年的体态、动作和神情刻画得栩栩如生，让整件雕塑作品宛如一幅模特正在走T台时的特写，这种时尚的造型世所罕见。

最特别的是少年双脚上的鞋子，这是一双高筒皮靴，由动物的皮毛制成。在河西四郡设置之前，河西走廊是游牧民族的聚居区，这里牛羊遍地，所以衣物一般用皮毛制成。这件雕塑作品刻意放大了双脚，用来增大陶器的容量，当水灌进陶器时，巨大的双脚也能保证陶器的稳定性。另外，这件彩陶特意设计了双手插兜的形象，插入裤兜的双臂形成陶罐的双耳，不仅更方便抓握，而且更具艺术性。

彩陶罐是容器，所以诗歌第一节从盛东西的这个作用写起。因为器形是人的形象，所以笔者把人比喻成"诸神的容器"，上帝用来"装填原罪"，原罪理论是古代西方世界运行的基础。始祖女娲用来"留住容颜"，容颜等同于血脉，象征着中华民族一代代人的血脉传承。最后，佛陀用来"涅槃时的抛弃"，涅槃就是丢弃肉身，进入不生不灭的境地，笔者用佛教涅槃的境界把诗歌提升到哲学的高度，以多种层次诠释了人类的躯体。

诗歌的第二节，笔者开始回归，从人类的躯体走向这个少年的躯体。人形彩陶罐是被人塑造出来的，它与人类躯体的区别在于，它在出生之后永远年轻。它"永葆青春的秘诀"是经过烈火的炙烤，丢失了泥塑里的水分之后，它的躯体被固定下来。

经过工匠的制造，到了诗歌的第三节，这个少年拥有了"中空的躯壳"。那么，他的躯壳是用来储存什么的呢？研究者首先想到的是水，当它是一个盛水器的时候，诗歌珍贵的矛盾性就出现了。它在制造的时候"被掠夺了水分"，却最终成为水的容器，被一次次灌满又饮尽。读到这里，液体的水等同于人类身体里流动的血液，那些贵族们喝了从他的身体里流出来的水，就好像喝了他带有生命力的血液，从而获得青春。然而，这些都是虚妄的联想，数千年前的贵族们从来没抵抗住消亡的命运。

诗歌的第四节，他在历史中矗立的时候，开始审视自己。亚里士多德说"上帝厌恶真空"，空间一旦出现，总有人想着将它填满。正因如此，少年的躯体里曾经"贪婪地储存过很多东西"，他把那些当作成长。然而，当有一天他把这一切放空时，才发现自己"仍旧是那个翩翩少年"。

人头銎钩戟

出土地：甘肃省平凉市灵台县白草坡
出生日期：西周
居住地：甘肃省博物馆

邢耀龙 摄

简介　　高25.5厘米，宽23厘米。人头形，颈部有椭圆形浅銎，戟援装饰一牛头，阴刻牛头形徽识。人头浓眉巨目，披头卷须，腮部有"W"形纹饰。

人头銎钩戟

未知是恐惧的代名词
在南方人的世界里
我被想象力填充成
有着红色的头发
凸出的眼睛
巨大的耳朵
吞食一切的大嘴

为了战胜我
他们修建高大的城墙
发明出传递信息的文字
设计运行自如的组织
锻造精良的兵器
直至,把想象中的我刻画在铜戈上

面对挑战,他们废寝忘食
创造了一个名叫国家的东西

诗者说

"折戟沉沙铁未销,自将磨洗认前朝。东风不与周郎便,铜雀春深锁二乔。"

戟是一种戈和矛的复合体,前端一般有尖锐的枪头,像矛;两侧又装有弧形的刃,像戈又像刀。既具有矛的刺击能力,又兼有戈或刀的砍杀勾啄的功能,是古代车战时的大杀器。从目前的考古发现来看,中国最早的戟出现在商代,至春秋时期已成为常用兵器之一。

人头銎钩戟用人头代替了刺刃,是此时出现的新品种,也许是王室或贵族为了炫耀战功而专门铸造的特殊兵器。戟上的人头像,造型奇特,风格神秘。从外貌上可以判读出这不是一个华夏族人像,而很有可能是一个生活在西北部与西周有长期的战争关系的游牧民族人像。专家根据文物出土的地理位置判断,这个头像刻画的应该就是大名鼎鼎的"鬼方"族人。在商代,鬼方已经和中原民族频繁发生摩擦,身为马背上的民族,在中原的军事水平还没有发展到霍去病时代的高度时,鬼方的机动性在战场上占据着强大的优势,成为中原王朝的劲敌。正因如此,鬼方凭借自己优良的马匹,长期侵扰农耕民族,成为中原王朝边防安全的最大隐患。时间到了商朝的中后期,武丁成为商王之后,开始了对鬼方的征伐,《周易》中记载"高宗伐鬼方,三年克之",商朝著名的女将妇好就是武丁的王妃。按照甲骨文的记载,鬼方被武丁和妇好打败之后，开始了大迁徙，最后消失在历史的典籍里。

因此，人头銎钩戟属于国家一级文物，对于研究商周时期西北边疆的政治和文化具有十分重要的意义。

诗歌的第一节以中原农耕民族的视角展开叙事。因为不了解，在农夫们的眼中，那些时常骑着快马从边境上冲过来的鬼方少年是十分恐怖的。这个情景与《三体》里的"黑暗森林法则"十分相似，虽然远居中原的人从未见过他们，但在其他人的描述中，草原儿郎们逐渐变成了吃人饮血的魔鬼。于是，在南方人的想象中，他们应该"有着红色的头发／凸出的眼睛／巨大的耳朵／吞食一切的大嘴。"

为了战胜这个实力强大的对手，农耕民族必须拿出剩余的时间和粮食，合力铸造抵御来犯之敌的武器。于是，中原人发明了城墙、文字、官僚制度、兵器，当华夏族拥有这一切之后，国家就诞生了。

所以，一个王朝的成长过程和人的一生极其相似。人不可能永远活在温室当中，我们要感谢生活中的那些对手，正是因为他们不断发起挑战，我们自己才能持续思考，当想出应对之策时，就是人成长的时刻。国家亦是如此，中原王朝之所以长期位列古代最强大的国家之一，就是因为它的周边持续面临着如三苗、东夷、西戎、匈奴等部族的挑战，面对这些挑战，中原王朝从未放弃过努力，最终打造了汉唐这样的璀璨帝国。

因此，当你变得强大的时候，请不要忘记感谢你的对手。

人面柄首铜匕

出土地：甘肃省临夏回族自治州广河县境内
出生日期：距今 2800—2400 年前
居住地：甘肃省博物馆

邢耀龙 摄

简介　　长 14.3 厘米，宽 2.2 厘米。柄端铸一人面像，圆睛，直鼻，口半张，匕身扁平，中略鼓，背部有条形钮。

人面柄首铜匕

这是一次伟大的发现
人类从最坚硬的石头里发现锋利的铜
石头喷溅出来的血液，凝结之后
就能刺破所有的皮肉和假象
石头是我的母亲
人类在石头上凿出子宫的形状
我就从细长的伤痕里出生了

我被人类铸成一把匕首
用来扎进人的身体
那些从人体里喷溅出来的
是我的同胞兄弟
我借用人类的一张面孔，等待着
它们凝结完毕

诗者说

人面柄首铜匕属于辛店文化时期的青铜器，这一文化受到齐家文化的深刻影响。辛店文化因为最早发现于甘肃省定西市临洮县辛店村而得名，文化范围东起宝鸡，西至青海共和，长达650千米范围内，涵盖了在黄河上游及其支流的渭河、洮河、大夏河、湟水等流域。辛店文化活跃在商代中期到西周晚期之间，是远古羌人所遗留的文化，这为我们了解与商周同期的周边历史文化提供了重要线索。

"匕"是中国古代使用的一种餐具，根据学者们的研究，它的历史可能比筷子还要早，主要是用于从器皿中拨取食物。郑玄《仪礼注》中记载："匕，所以匕黍稷者也。""匕，所以别出牲体也。"由此可见，匕最开始扮演的就是匙子的功能，用来拨取粒状饭食和肉类食物。最早的匕是用木片或兽骨刮磨制成的，但这两种材料无法割断肉食，直到青铜匕的出现，匕才兼有了匙子和刀子的功能，并开始沿着两个方向发展。首先是强化了其割、刺的作用，磨出刃部，增厚柄部，演变为短刀类武器，即我们现在所说的"匕首"；其次是强化了其掏拨的作用，加长其柄部，前端凹扩为桃叶形，也就成了专用的勺类食器。所以，用来吃饭的勺子，它的前身却是匕首，这就能理解为什么历史上的很多惨案都出现在饭桌上了。

人面柄首铜匕最引人瞩目之处在其柄首上的人面装饰，这种造型在此前考古发现的同类器物上从未出现过，是我国青铜工艺史上最早的人面像之一。

　　因为人面柄首铜匕的材料是铜，所以诗歌的第一节以铜的发现为引子，讲述了匕的制造过程。铜是人类最早发现并广泛利用的金属矿产之一，借助它的力量，人类文明从石器时代晋级到青铜时代，成功跨入金属文明的大门。石器时代人类认知中最坚硬的物体是石头，但在机缘巧合之下，人类在石头中发现了铜，"这是一次伟大的发现"。铜必须经过冶炼才能获得，笔者把高温中熔化的铜液比喻成石头的血液，等它凝固之后，就会变得更加锋利。从哲学的角度看，被砸碎的石头是"皮肉和假象"，代表真相的铜需要熔炼才能获得。另外，铜液凝固成匕首需要模范，一种方法是在石头上凿出形状，然后浇铸而成。在这个情景下，石头变成了母亲，模范是子宫也是剖腹产的伤痕，青铜匕首就是从这里诞生的。

　　匕最开始是吃饭的工具，但随着社会的发展，战争开始频繁发生，人拿着匕开始伸向别人的饭碗。因为占有欲，匕开始变成兵器，"扎进人的身体"成为它最通常的用法。铜是石头里流淌出来的血液，当它从人的身体中抽出来的时候，也会带出人的血液。此时，它仿佛看到了自己的诞生过程，它借用一张人的面孔凝视着，似乎在观察战争的血液凝固之后，会诞生出怎样的文明。

青铜麋鹿

出土地：甘肃省张掖市
出生日期：战国—西汉
居住地：甘肃省博物馆

邢耀龙 摄

简介 高 8.5 厘米，长 10.5 厘米。战国至西汉初期，河西走廊是游牧民族驰骋的地方，青铜动物雕刻是他们喜爱的装饰品。麋鹿，俗称"四不像"。铜麋鹿栩栩如生地塑造了这种珍贵动物的形象。

青铜麋鹿

故乡啊!
弱水边的呦呦鹿鸣
是我最后一次面向血地的呼喊

那个曾经在焉支山下放牧的质子
已经登上了匈奴的王座
生我养我的草场,则被突然宣告
成为他的王土
在鸣镝的驱使下
我被迫出门远行

故乡啊!
等我再回来的时候
会是一只九色鹿

诗者说

青铜麋鹿出土于甘肃省张掖市，在战国时代，这里是月氏人的领地。起初月氏人主要在今天的张掖、武威一带放牧，乌孙人则在月氏的西部，两者以张掖为界瓜分了河西走廊水草丰茂的牧场。草场就这么大的一点儿，为了牛羊的生计，东边的月氏人开始侵占西边乌孙人的牧场。最后，乌孙王被杀，月氏人一鼓作气，兼并了整个河西走廊。当时的月氏实力十分强大，在匈奴还没有成长起来时，月氏与东胡从东西两面夹击匈奴，迫使匈奴的头曼单于把他的儿子派遣到月氏当质子。

头曼单于送过去的儿子，就是日后把刘邦围困在白登山上的冒顿单于，月氏内乱时，冒顿乘机逃回匈奴，他杀父自立后开始了匈奴的扩张计划。因为在月氏当质子的原因，冒顿对河西走廊的山川形势和月氏兵力非常熟悉，在他统一了匈奴各部后，就把月氏当作下一个战略目标。公元前177年至公元前176年间，冒顿单于大败月氏。公元前174年，冒顿死后，他的儿子老上单于再次击败月氏，杀掉了月氏王，月氏部众开始向西迁徙。

最终，月氏人来到了阿姆河畔定居。汉武帝听说了月氏的故事后，为了联合月氏合击匈奴，才有了派遣张骞出使西域的故事。在东汉初年，大月氏五部翕侯中的贵霜一家独大，建立了贵霜帝国。由于贵霜王朝正好位于东亚、中亚与南亚三个地区的交界处，所以丝绸之路的大部分贸易都需要经过当地，成为当时丝路贸易中获利最多的国家。

贵霜帝国势力鼎盛时期一度攻占了北印度，与此同时，已经发展了数百年的印度佛教文化因为这场战争终于走出德干高原，成为贵霜的国教。到了迦腻色伽王的时代，他召集僧侣在克什米尔开启了第四次佛教结集大会，贵霜帝国一时成为佛教的中心。因为贵霜曾经依附于希腊王赫尔谟尤斯，所以深受希腊艺术的影响，当贵霜人把希腊艺术和佛教结合起来之后，就创造了著名的犍陀罗艺术。有趣的是，犍陀罗艺术在4世纪左右传播到月氏人的故乡，河西走廊上的早期石窟因此诞生，这是出走他乡的月氏人对故土的反哺。因此，如果说张掖市出土的青铜麋鹿代表了月氏人离家时的哀思，那么，莫高窟壁画里的九色鹿，则是他们回到家乡的欣喜。

这首诗的时间定格在月氏人西迁的那个时刻，笔者把青铜麋鹿比拟成月氏人精神的化身，让它站在母亲河弱水边（今黑河）发出一声最后的鹿鸣。此时的读者仿佛置身在焉支山下的草场上，听着悲怆的鹿鸣声，等待诗人讲出河西走廊上的老故事。

第二节主要讲述麋鹿离家的原因。冒顿就是"那个曾经在焉支山下放牧的质子"，如今的他已经成为匈奴的单于。普天之下，莫非王土，这个法则对所有的君王都有效，因而"生我养我的草场，则被突然宣告／成为他的王土。"冒顿单于发明了鸣镝，这是一种可以发出夺命之声的响箭，在匈奴的兵锋下，"我们"被迫踏上了迁徙的路。

没有人愿意永远离开故乡，离家的孩子都想有朝一日能重回自己的血地。幸运的是，月氏人做到了，他们的人虽然没有再次回到河西走廊，但他们创造的艺术沿着丝绸之路来到了河西大地上。自此之后，故乡的山林中时常响起斧凿之声，莫高窟、天梯山石窟、马蹄寺石窟、金塔寺石窟等一朵朵艺术奇葩，纷纷在他们曾经饮马的山野里绽放。

青铜镂空双驼饰牌

出土地：甘肃省武威市民勤县
出生日期：战国—西汉
居住地：甘肃省博物馆
采自《甘肃省博物馆文物精品图集》

简介　　铜牌为长方形，镂空铸造，边框采用连珠点进行装饰，构图则采用对称方式构图。整个画面以一对低头在草原上吃草的骆驼为主体，然后用骆驼的头、脚、驼峰、尾巴，同边框连接起来，增加了铜牌的牢固性。

青铜镂空双驼饰牌

徐福的楼船还没有从蓬莱回来
君王只好把全部的希望
寄托在我的身上
沙海之上
我被打造成拨开迷雾的利器

我曾驮着丝绸、金银、锅碗瓢盆
以及博望侯的老故事
前往皇帝们想要对话的远方

也曾驮着玛瑙、葡萄、苜蓿
和琥珀一样的心
把胡人送到梦里的长安

沙漠是一面纸糊的窗
我是刺破它的一根食指

诗者说

青铜镂空双驼饰牌是典型的北方草原风格的饰物，这类文物在内蒙古察右后旗二兰虎沟、辽宁西丰西岔沟和陕西长安客省庄等墓地都曾发现过，可能是皮带上的重要装饰。游牧民族一般使用革带，因为皮革的材质软硬，革带的两端没办法进行直接缚结，所以要在革带上安装用来系扣的装饰带具。一般来讲，浮雕牌饰是利用背面的纽扣固定在皮带上的，而透雕牌饰则是利用透孔穿皮条加以固定。这类带饰的图案一般都是动物的形态，比较常见的有虎虎相搏、虎鹿相搏和虎羊相搏等题材，是当时北方民族草原生活的直接反映，富有游牧生活所赋予的艺术特点。

青铜镂空双驼饰牌所产生的历史时期是战国至西汉之间，此时的河西走廊正是匈奴人的牧场。匈奴人从北方草原上崛起之后，开始了他们的扩张之路，在冒顿和老上两任单于的持续打击下，月氏被迫西迁，匈奴占据了水草丰茂的河西走廊。西汉时期，河西走廊是休屠王和浑邪王的领地，这件文物的出土地民勤位于石羊河下游，这里正是匈奴休屠王的游牧之地。

青铜镂空双驼饰牌最独特之处在于它的动物纹饰——骆驼，这类主题的图案在配饰上比较罕见，反映了河西走廊的独特性。这条天然形成的走廊是横亘在西北部的一条地理大通道，是古代丝绸之路的黄金段，在铁路没有开通之前，骆驼就是这条路上最常见的交通工具之一。时至今日，骆驼虽然已经消失在我们的日常生活中，但仍旧不妨碍它成为丝绸之路的名片之一，地位无可撼动。

骆驼常被人们称为"沙漠之舟"，所以诗歌的第一节以这个比喻展开。在秦汉的历史上，要论最著名的一条船，那就非徐福的楼船莫属，这是一只向东驶向大海的船，承载着帝王不着边际的长生梦。在西北的沙海之上，同样也有一只船，这就是骆驼。为什么要让骆驼向西探索呢？因为统治者想要知道自己的疆域之外还有哪些民族和国家，从而把中华文明的成果普惠到更遥远的地方。

为了实现第一节提到的目的，一批批使者开始沿着博望侯张骞开辟的老路，骑着骆驼穿越沙海。去时，驼背上装载的是"丝绸、金银、锅碗瓢盆"；回时，使者们也不空手来，而是带来了西域的"玛瑙、葡萄、苜蓿／和琥珀"等特产。正是因为使者的传播，中原王朝的开放、包容、强大和富足已经在西域深入人心，长安成为西方人最向往的城市，东西方沿着古老的丝绸之路开始了交流和互动，加速了文明的进程。如果我们上升到虚空，从亚欧大陆的尺度上来看，中部的沙漠仅仅是东西方文明之间的一层薄薄的窗户纸，骆驼就是"刺破它的一根食指"。

其实，我们的生活中也有很多看似不可越过的障碍，但如果我们把自己放在更长的时间尺度上，你就会发现眼前的这件事或许仅仅是"一层薄薄的窗户纸"，只需要你食指的力量，就能捅破它。

云纹错银承弓器

出土地：甘肃省天水市
出生日期：战国
居住地：天水市博物馆

采自《天水文物精华》一书

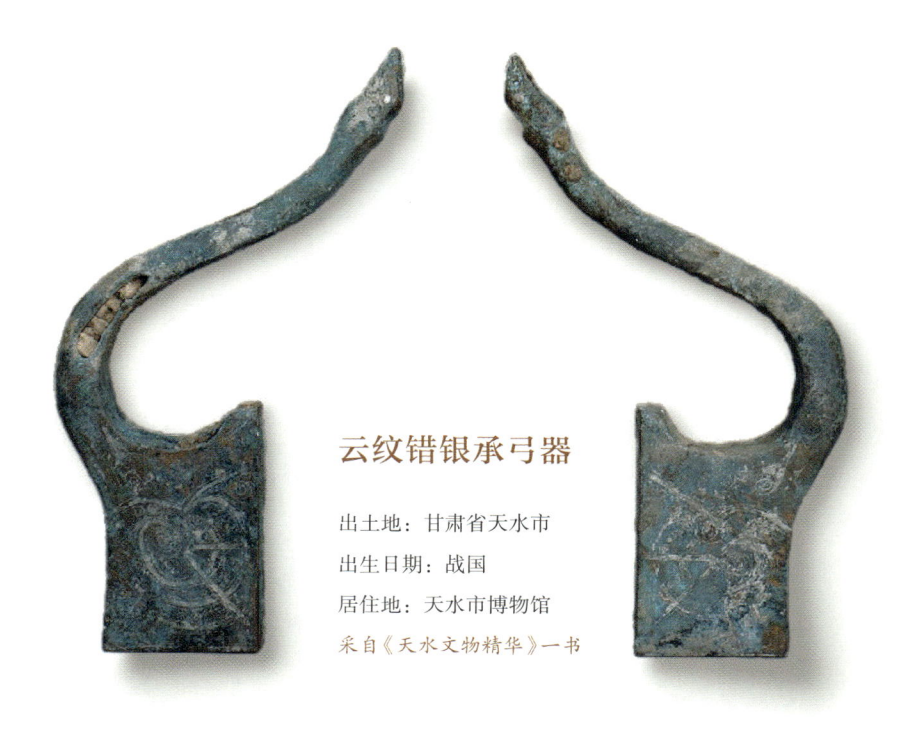

简介

长 24.2 厘米，宽 5.8 厘米，厚 2.9 厘米。该器一组（两件），大小相同，头部为鸟形，颈细长而弯曲，柄部中空，可插入木楔，柄部一侧有不规则涡纹、曲线纹及弦纹组成的错银云纹图案，鸟头部和眼睛则使用铜错银纹饰。

云纹错银承弓器

因为秦人的信仰
我被设计成一只凶悍的鸷鸟
从云中探出头来
巡视周王的故土

我的脊背上承载过太多的东西
生计、图腾、梦想、阴谋
一张带有血气的弓
以及义渠的命运

如今,秦王早已经放下了紧绷的弦
安居在万世基业的梦里
羌胡和诸夏的血液在我的身躯里蠕动
一如银铜相错

诗者说

承弓器是怎样使用的呢？学者们一直众说纷纭，直到秦陵彩绘铜车马的出土，承弓器的功能和确切用法才有了答案。在秦陵一号铜车马车舆左侧的前栏上，有一对完整的承弓器，上面承托有一架完备的弩机，由此可知，承弓器是在战车上用于放置弓弩的固定支架。由于一件弓弩有两个渊部，所以承弓器一般都是成对出土，成对组合的承弓器承托住弓弩的双渊部位，弓弩的手柄部位则靠在车上，构成稳定的等边三角形。在后端中空的母卯内通常残存朽木，说明战车上配有伸出的木质子卯，从而方便承弓器的安装和拆卸。承弓器出现在战车内左侧前轸附近，说明战国至秦代的甲士"车左"是战车上的弩弓手，"车右"那就应该是执戈、矛、戟、铍等长兵器，驭手御车，从而形成一个作战单位的基本配置。关于这一点，《左传》中已有记载，即"吾闻致师者，左射以鼓"。

天水市博物馆馆藏战国云纹错银承弓器，采用错银工艺，通体遍布纹样。什么是"错"呢？《说文解字》中的解释是"错，金涂也"，即把金银涂画于青铜器上的意思。在战国时期，最常用的装饰手法是镶嵌法，制作分四个步骤：第一步是制作母范预刻凹槽，以便器铸成后，在凹槽内嵌金银。第二步是錾槽，铜器铸成后，凹槽还需要加工錾凿，精细的纹饰，需在器表用墨笔绘成纹样，然后根据纹样，錾刻浅槽，这在古代叫刻镂，也叫镂金。第三步是镶嵌。第四步是磨错，因为金丝或金片镶嵌完毕后，铜器的表面并不平整，必须用错石磨错，使金丝或金片与铜器表面自然平滑，达到严丝合缝的地步。被"错金错银"工艺装饰过的器物表面，金银与青铜呈现出不同的光泽，彼此之间交相辉映，将图案与铭文衬托得格外华美典雅，色彩对比、纹饰线条更加鲜明，艺术形象更为生动。

天水简称"秦"，这里是秦人的起源之地，所以诗歌的第一节以秦人的信仰为开端。秦人的图腾是鸟，所以这对承弓器也被"设计成一只凶悍的鸷鸟"。鸟的头高高扬起，身上布满银白色的云纹，好似鸟"从云中探出头来"。秦人为什么会探出头来呢？因为此时正值战国时期，秦人已经有了"君臣固守以窥周室，有席卷天下，包举宇内，囊括四海之意，并吞八荒之心。"

承弓器的作用是用来盛放弓弩的，弓弩是远程射击类兵器，在这首诗歌中的意象就是秦人的雄心。为了实现"巡视周王的故土"的计划，秦人做过很多努力。比如为了生计跟随平王东迁，从此获得了周王对关中之地的口头承诺；为了让秦人拥有强大的战斗力，秦孝公和商鞅推行了影响深远的变法；为了义渠国的土地和骏马，芈八子以感情和身体为饵，使用了最险恶的阴谋。所以，纵观帝王的雄图伟业，我们才能理解承弓器上盛放的是"一张带有血气的弓"。

两千年前的历史云烟早已弥散，从今日中国人的视角再看那段历史，我们看到的是秦始皇正安静地躺在厚重的封土之下，做着他"万世基业"的美梦，秦王也放下了脑袋里紧绷的弦——那些观念和偏见。中华文明在不断整合，今日的中国人不再是秦人、楚人、胡人、越人、羌人，在我们的血液里，同时拥有着历史上那些汇入到中华民族大家庭里的基因，从而成就了中华文明的丰富和精彩。数千年的历史层累构成了中华文明独特的美感，这种文明之美"一如铜银相错"。

鸷鸟形金饰片

出土地：甘肃省陇南市礼县大堡子山秦公陵园
出生日期：战国
居住地：甘肃省博物馆

金俊音 摄

简介

鸷鸟由金箔剪裁而成，钩喙，环目，长尾，屈爪，通身满饰不规则的凹凸勾云纹。饰片器表残存着涂过朱砂的痕迹，器周沿较均匀地分布着九组因附棺椁而留下的双眼钉孔。

鸷鸟形金饰片

玄鸟的传说一直在中国北方的上空盘旋
秦人也适逢其会地分了一杯羹

榆木做的棺椁异常沉重
我被镶嵌在上面,再装饰几朵祥云
秦公的灵魂似乎就能附着在我的翅膀上
去往刚好能俯瞰三秦大地的虚空

厚重的黄土高原宛如一块天外陨铁
六世秦王用制造我的铁锤
持续敲击着

直到
锻打出一根缝衣针来

诗者说

1987年，一位礼县的农民背上背篓，趁着空山新雨后的好天气，前往村庄附近的大堡子山采药。几天前的大雨把沉睡于地下两千多年的秦公墓冲刷出了一个坑洞，当村民把这个消息传播开来时，鸷鸟形金饰片便开始了它跌宕起伏的命运。

秦公墓中大批珍贵的青铜器及金器等文物被闻讯而来的文物贩子盗走，等文物部门展开调查的时候，这批文物已经流失海外。1994年，我国著名考古学家、原陕西省考古研究所所长韩伟在法国的一家私人博物馆里，第一次发现了出自甘肃礼县大堡子山的一批秦人金饰片。2015年7月，收藏家克里斯蒂安·戴迪先生将28件金饰片交还给我国国家文物局，同年弗朗索瓦·皮诺先生通过中国驻法大使馆将4件鸷鸟形金饰片归还中国，这批文物终于得以重返故土。

大堡子山遗址位于甘肃省陇南市礼县城东13千米处的永兴镇、永坪镇境内，是一个由夯土城墙环绕，内部分布有众多夯土建筑、居址和墓葬的城址。城址依山而建，形状不规整，北城墙长约250米，西城墙长约1300米，城址面积约55万平方米。以大堡子山为中心，周围在西汉水两岸依山势分布有几个墓区，主要为北部的大堡子墓葬区、南部为圆顶山墓葬区，总面积达18平方千米。城址内部有两座大墓及陪葬的车马坑，墓葬平面呈"中"字形，大墓的墓道内和墓室二层台上有殉人的情况，墓底有腰坑，内置殉犬一只。在大墓中出土了鼎、簋、壶、钟等青铜器，上面很多都带有"秦公"铭文，因此推断出这是西周（公元前1046年至前771年）至春秋（公元前770年至前476年）时期秦国君主的陵墓。

根据目前学界的普遍共识，秦人原本生活在今山东一带，是商人的附庸。商朝灭亡后，大概到了周孝王时期，秦人向西迁徙，最终来到了西汉水的上游定居，礼县成为秦人在甘肃省内最早的聚居地。后来，秦人逐渐占据了甘肃省东南部的陇原大地，这里古称秦地，因此开始以"秦"命名。

那么，秦公的墓室里为什么会出现鸟形的金饰片呢？这与秦人的祖先神话有着直接的关系。

《史记·秦本纪》中记载了秦人祖先的历史："秦之先，帝颛顼之苗裔，孙曰女脩。女脩织，玄鸟陨卵，女脩吞之，生子大业。"意思是秦人祖先是颛顼的后裔，颛顼的孙女叫女脩，她擅长织布，也很贪吃。有一次，她吃了一颗燕子的蛋而怀孕，生下了儿子大业。当我们读完这个故事之后，你也许会有莫名的熟悉感。没错！《史记·殷本纪》中记载的商人祖先"契"出生神话也是这个套路，这就是在写《圆圈网格纹鸟形彩陶壶》时笔者讲过的那个"天命玄鸟，降而生商"的故事。从这个故事版本中，我们可以明确看到秦人借鉴商人祖先故事的痕迹，因此，鸷鸟变成了秦人的图腾。

鸷鸟金饰片用金箔片裁剪成鸷鸟侧面站立的形状，以锤揲（dié）工艺打造成鸷鸟的纹饰。鸷鸟有着"凶猛的鸟"的含义，它圆睁的环目、有力的勾喙、突出的胸脯、尖利的曲爪，在黄金的色泽里显露出勃勃的生机。既然是一种饰片，一定是用来做装饰使用的，金饰片边缘成对的小孔洞也证明了这一点。根据目前的研究，墓葬中出土的鸷鸟形金饰片应该是钉在秦国国君棺椁之上的,这不仅寄托着秦人祖先的灵魂,也代表了秦人包举宇内的雄心。

诗歌的第一节以秦人的信仰为开端,讲述了玄鸟对秦人的意义。因为鸟具有连接天地的功能和广阔的视野,在先秦时代的北方中国,鸟的信仰影响了当时的很多部族,商和秦就是其中的代表。

到了第二节,诗歌主要讲述的是鸷鸟金饰片在墓葬中使用的意义。这类金饰片一般被镶嵌在棺椁上,同时出土的还有祥云纹金饰片,两者的组合形成一种接引灵魂升天的功能。于是,笔者想象秦公的灵魂附着在鸷鸟的翅膀上,飞出大堡子山,飞升到高空中俯瞰大地。为什么他看到的是"三秦大地"呢?因为秦人从甘肃出发,第一个拿下的就是关中地区,后来成为秦国的京畿地区,鸷鸟金饰片的制造时间就处于秦国的这个发展阶段。

第三节讲到的是秦国的战国七雄时期。秦人主要生活在黄土高坡上,经过几代秦王的不懈努力,终于完成了这片土地的内部整合,使秦国跻身于七雄之列。为了描述这个过程,笔者把黄土堆积的这片土地比喻为一块"天外陨铁",《过秦论》里提到的六世秦王经营秦国的过程就像用铁锤锻打,才有了黄土高原层层叠叠的锻痕。按照正常人的思维,接下来诗人应该用一件兵器比喻锻打的成果。然而,兵器是用来刺破或割裂的,这并不符合笔者历史叙事的目的。因此,笔者特意安排秦人把黄土高坡锻打成一根缝衣针。

为什么是缝衣针呢?这看起来很弱呀!一点也不符合强秦的气质。

缝衣针的意象是把破碎的缝合成完整的。《三国演义》中有一句名言,即"天下大势,分久必合,合久必分",最重要的就在这个"合"字身上。中国历史上有三国、南北朝、五代十国等大分裂时代,但最终为什么依旧整合成为一个完整的国家,就是因为秦始皇统一六国之后，天下人第一次体验到了统一的好处。自此之后，"统一"这两个字被深深烙在中国人的基因里了，从而成为两千年来历史发展的底层力量。所以，秦人锻造出来的绝不是一把用来分割的刀，而是一根用来缝合的针，这根针自从被发明出来之后，就一直保存在中国人的针线盒里，不断塑造着中华文明的完整性。

两诏铜权

出土地：甘肃省天水市秦安县上袁家村秦墓
出生日期：秦代
居住地：甘肃省博物馆

简介　　高7厘米，底径5.2厘米，重250余克，为秦一斤。权体为钟形，中空，顶部微弧，鼻钮。器表铸成多道瓠棱，诏文阴刻在瓠棱之间的平面上。字体小篆，刻秦始皇廿六年诏书和秦二世元年诏书。此权保存完好，能较准确地反映秦斤的标准重量，是研究古代衡制的重要实物。

两诏铜权

在阿基米德寻找可以撬动地球的支点时
嬴政正在实施撬动七国的计划

几乎在同一时刻
他们都找到了横亘在天地之间的杠杆

我用青铜包裹着始皇帝的心
用来衡量整个天下

诗者说

秦始皇统一天下之后，为治理这个庞大的国家，他们君臣制定了一系列制度。在中央设三公九卿，管理国家大事；地方上废除分封制，代以郡县制；实行书同文、车同轨、统一度量衡。正是文字、货币、度量衡等的统一，才使这个中央集权的庞大帝国的统治更加牢固，奠定了中国古代统一王朝的基本政治制度。度量衡其实是三种计量物体的名称，计量长短用的器具叫作度，测定计算容积的器皿称为量，测量物体轻重的工具就是衡，这件两诏铜权就是一种衡。

这件衡最独特之处在于它的身上刻有两份诏文，分别是秦始皇和秦二世的。秦始皇诏文为："廿六年皇帝尽并兼天下诸侯，黔首大安，立号为皇帝。乃诏丞相状、绾：法度是不壹、歉疑者，皆明壹之。"意思是秦始皇二十六年（公元前221年）统一了天下，百姓安宁，立下皇帝称号，于是下诏书于丞相隗状、王绾，依法纠正度量衡器具的不一致，使有疑惑的人都明确起来，统一起来；秦二世诏文为："元年，制诏丞相斯、去疾：'法度量尽始皇帝为之，皆有刻辞焉。今袭号，而刻辞不称始皇帝，其于久远也，如后嗣为之者，不称成功盛德。刻此诏。'故刻左，使毋疑。"意思是秦二世元年（公元前209年），下诏左丞相李斯，右丞相冯去疾说，统一度量衡是始皇帝制定，后嗣只是继续实行，不敢自称有功德。现在把这个诏书刻在左边，使不致有疑感。这两则诏文清楚地记载了秦始皇统一度量衡制度的经过，并用法律的形式规定下来，从而成为天下百姓使用的标准。

秦始皇用武力吞并六国之后，他清醒地意识到，帝国内部还有很多分裂因素没有消除，统一天下的事业才刚刚开始。春秋战国时期，在天下人的意识里，小国寡民才是这个世界正常的秩序，在这个大背景下，我们才能理解秦朝的建立在中国历史上的深远意义。秦始皇最伟大的贡献就是给天下人的心里刻进去了一个常识——统一，此后中国历史的演化就是围绕着这两个字不断分分合合的过程。

诗歌的第一节就把时间定格在秦始皇刚刚统一天下的这个关键时刻，他正在和秦朝开国的臣子们讨论着治理天下的各种制度，试图制定一劳永逸的制度，撬动整个国家的潜力和凝聚力。巧合的是，西方世界一位伟大的哲学家和科学家正在研究杠杆原理，他的那句著名的"给我一个支点，我就能撬起整个地球"的话与秦始皇的作为何其相似。秦始皇的生卒年是公元前259年至公元前210年，阿基米德的生卒年是公元前287年至公元前212年，两者是同一时期的人，他们也在同一时刻"找到了横亘在天地之间的杠杆"。于是，始皇帝用青铜把自己的心事包裹起来，成为天下百姓衡量万物的砝码。当万物都被折叠进一个计量单位里时，这块破碎的土地才真正迎来了统一。

铜奔马

出土地：甘肃省武威市雷台汉墓
出生日期：汉代
居住地：甘肃省博物馆

简介

　　铜奔马通高34.5厘米，长45厘米，宽13.1厘米，重7.3千克，奔马身姿矫健，做奔腾状。原有鞍具、辔勒，已失。马双目圆睁，鼻孔奋张，颈部粗壮，身躯健硕，头微左偏，三足腾空，右后蹄掠踩一展翅飞翔、回首惊顾的飞鸟。鸟尾齐，头略束，上有一圆凹坑，应为燕隼类。奔马以黑彩绘鬃尾，口、耳内涂朱红。铜奔马铸造精美，构思巧妙，成为当时开拓精神的象征，是我国青铜艺术中的杰作，1983年被国家旅游局确定为中国旅游标志。

铜奔马

北方的雄鹰一直在天空中盘旋
我一出生,就被安排了一场
旷日持久的比赛

青铜熔化
那是奔腾的汗血
华夏大地宛如一件精致的陶范
我携着汉家天子的梦
在丝绸之路上奔走
也在时间里凝结

这一次,我终于能脱下鞍鞯
搭乘着对手的羽翅
畅游于天地间

诗者说

　　武威雷台是古代祭祀雷神的地方，是一座夯筑的长方形土台，根据清乾隆时期《重修武威县志》中记载"灵钧台，城北，晋前凉张茂筑"可知，土台夯筑于西晋时期。雷台的台基上是明朝的建筑，中间为晋朝的台基，最下面是汉朝的墓葬，所以被戏称为"三代同堂"。

　　1969年，当地计划依托坚厚的土台开挖地道，偶然间发现了这座东汉晚期的大型砖石墓葬。墓葬中出土了金、银、玉、陶器等文物共231件，其中铜车马仪仗俑就有99件，最精彩的当属这件铜奔马。

　　铜奔马的三足腾空，为了使奔马保持平衡，工匠在马蹄下加上了鸟形底座用以固定，鸟的头、双翅、尾巴平展开来，大大增加了与地面的接触面积，这显然是经过精心设计的，符合力学的平衡原理，由此可见汉代青铜工艺的超高水准。与此同时，这也是一件极具想象力的艺术作品。为了展示大汉铁骑的英武，工匠将铜奔马的身躯铸造得粗壮雄浑，但他却仅仅用一足就将全身的重量都放在了一只小小的飞鸟身上，将底座的实用功能与艺术创造结合起来，这一大胆而又巧妙的做法，增添了作品的艺术效果。通过飞鸟的反衬，能更加直观地展现出奔马迅如雷电的速度。这不就是汉武帝梦寐以求的天马吗？

　　除了力学平衡原理，马腿设计也独具匠心。经过考古专家科学仪器的检测分析，铜奔马应该是先铸马身，然后再与马尾、马腿和蹄下的飞鸟等部件分别铸合。为了加强稳定性，工匠在马腿内夹入了铁芯骨，之后浇注铜液铸成"铁骨铜腿"，从而加强了马腿的强度和支撑力，成就了其婉若游龙的轻捷姿态。

铜奔马之所以出土于武威，只因为这里是河西走廊。放眼整个中原，当时最好的马场就是两片地方，即河套地区和河西走廊。在霍去病的河西之战后（公元前121年），这块匈奴的牧马地成为汉王朝的新边疆，于是，祁连山下著名的山丹军马场诞生了，它依托于地跨甘青的大马营草原，开始肩负起为中原养马的历史重任。在唐代及以前，这里是中原王朝最重要的军马培育基地，《汉书》中说："地广民稀，水草宜畜牧，故凉州之畜为天下饶。"《新唐书》记载了甘肃为朝廷培育的马的具体数字"七十万六千"匹，因为马太多了，以至于价格便宜到"一缣易一马"的程度，这是唐朝军力强盛的重要保证。自苏联顿河军马场解体后，山丹马场的规模占据了世界第一的位置，至今仍然是中国良马的培育基地，是世界上历史延续最悠久的马场。

当这件青铜器出土之后，为它命名成为了一个难题。它脚下的那只鸟究竟是一只什么鸟呢？郭沫若认为是燕子，所以最初称它为"马踏飞燕"，但这个说法的疑点在于这只鸟并没有燕子标准的燕尾。于是，人们又提出了龙雀、飞廉、乌鸦等说法，但这些观点都不能成为共识。

随着考古学的进一步发展，我们终于得到了真相。1972年在内蒙古杭锦旗阿鲁柴登匈奴墓出土了一件鹰顶金冠，反映了草原民族的鹰图腾信仰。汉王朝最大的对手就是匈奴，为了在艺术上呼应政治倾向，当时的汉代工匠创作出了一大批以"大汉征服匈奴"为主题的作品，其中以霍去病墓前的"马踏匈奴"石雕最为有名。在这样的艺术背景下，既然匈奴的图腾是鹰，汉王朝的图腾马一定要把鹰踩在脚下，从而体现汉人勇武豪迈的气概和昂扬向上的精神面貌。

鹰顶金冠饰　鄂尔多斯博物馆藏

  汉代历史发展的主旋律是汉匈双方的对抗和融合，因此，笔者在诗歌的开头就把这件汉代时期的铜奔马放置在中原与草原对抗的背景下开始书写。自商代以来，北方草原民族一直都是中原王朝最主要的对手，草原民族最常用的图腾是雄鹰，所以笔者便以"北方的雄鹰一直在天空中盘旋"为这首诗的叙事背景。面对来自草原的压力，中原王朝需要应对之策。于是，以赵武灵王、汉武帝为代表的帝王开始组建精锐骑兵来对抗北方之敌，马也就自然成为与鹰相对的图腾了。自此之后，雄鹰和骏马就展开了"一场旷日持久的比赛"。

  中原王朝应对挑战是怎么准备的呢？诗歌的第二节讲述了铜奔马的制作过程。汉代最有名的马是来自大宛国的汗血宝马，而青铜熔化时流动的金属溶液很容易让人想到血液，笔者就把它比喻成为"奔腾的汗血"。一件青铜器铸造的关键是要有模范，古代一般用陶范浇铸青铜器，这首诗中的铜奔马的意象是中原王朝的骑兵，以这个为尺度的话，陶范只能是这片"华夏大地"了。大地的主要成分是土，这样的一件巨大的陶范让诗歌的格局变得无比开阔。铜液注入陶范之后，就会在内部流动，陶范内部的线路不就是著名的丝绸之路吗？而我之所以"在丝绸之路上奔走"，是为了实现"汉家天子的梦"。汉家天子的梦是对抗匈奴，然而，对抗实现之后，接下来就是民族的对话和融合，这个过程宛如炽热的铜液逐渐冷却的过程，中华民族就在"时间里"逐渐凝结成完整的一体。

到了诗歌的第三节，因为中原和草原已经成为一个国家，所以对抗就消失了，铜奔马也完成了它的历史使命。于是，它终于可以"脱下鞍鞯"，即帝王赋予它的使命，恢复作为马的天性。此时，汉人和草原上的兄弟生活在同一个国度里，好似雄鹰和骏马一同自由自在地"畅游于天地间"。

苣

出土地：甘肃省敦煌市悬泉置遗址
出生日期：汉代
居住地：甘肃简牍博物馆

邢耀龙 摄

简介　　以苇秆扎成的火炬。在发现敌情时，即燔苣报警。至今在敦煌、居延等地的汉代障燧遗址中还保存着完好的苣。

苣

在河西走廊上
我原本是最不合时宜的植物
吸吮了大量活水之后
让小麦和棉花的生活难以为继

寒风袭来
纤弱的躯干似乎一无是处
甚至连渥洼池的马
也懒得啃食一口

我中空的腹腔是最隐秘的容器
装填了能抵万金的密语
骊山的烽火台上传来边关的讯息
那是我第一次开口说话

诗者说

"烽火照天光夺日，杀气腾空暗如雾。"

苣火是夜间使用的信号，因其形制和作用不同，苣分大苣、小苣、程苣、角火苣。敦煌马圈湾烽燧遗址发现的大苣长233厘米、直径5厘米，小苣长33厘米~35.5厘米、直径4.5厘米，最小的苣长度仅有8.7厘米、直径3厘米。

苣火是怎样传递军情信息的呢？1974年8月，甲渠候官遗址第16号房址内出土了一件名为《塞上烽火品约》的简牍，自此揭开了古代烽火系统的运行方式。《塞上烽火品约》共17枚，每简长39厘米，宽1.5厘米，厚0.2厘米，总共有610多字，内容主要是居延地区殄北塞、卅井塞、甲渠塞遇到匈奴来犯时，根据不同情况戍卒发出不同的警报信号的规定，类似于军情密码本。简文具体内容是：

·匈人奴昼入殄北塞，举二蓬，□□坞一，燔一积薪；夜入，燔一积薪，举坞上离合苣火，毋绝至明。甲渠、三十井塞上和如品。

·匈奴人昼甲渠河南道出塞，举二□□、燔一积薪。夜入，燔一积薪，举坞上二苣火，毋绝至明。殄北、三十井塞和如品。

·匈奴人昼入甲渠河南道出塞，举二蓬，坞上大表一，燔一积薪。夜入，燔一积薪，举坞上二苣火，毋绝至明。殄北、三十井塞上和如品。

•匈奴人昼入三十井降虏隧以东,举一薪,燔一积薪。夜入,燔一积薪、举堠上一苣火,毋绝至明。甲渠、殄北塞上和如品。

•匈奴人昼入三十井候去一隧以东,举一薪,燔一积薪,坞上烟。夜入,燔一积薪,举坞上一苣火,毋绝至明。甲渠、殄北塞上和如品。

•匈奴人渡三十井县索关门外道上隧,天田失亡,举二薪,坞上大表一,燔一积薪;不失亡,毋燔薪。它如约。

•匈奴人入三十井诚勢北隧县索关以内,举二薪薪如故;三十井县□北诚勢隧以外,举薪□□,毋燔薪。

•匈奴人入殄北塞,举三薪,后复入甲渠部累,举亭上薪,后复入三十井以内部累,□举坞上□上薪。

•匈奴人入塞,守亭鄣不得下燔薪者,旁亭为举薪,燔薪,以次和如品。

•塞上亭隧见匈奴人在塞外,各举薪如品,毋燔薪,其误,亟下薪灭火,候尉吏以檄驰言府。

•夜即闻匈奴人及马声,若日旦入时,见匈奴人在塞外,各举部薪以次亭,晦不和。夜入,举一苣火,毋绝□□夜灭火。

•匈奴人入塞,候尉吏亟以檄言。匈奴人入□□都尉□□□毋绝如品。

•匈奴人入塞,承塞中亭隧,举薪、燔薪□□□□薪火品约,官□□□举□□□□薪。

•匈奴人即入塞,千骑以上,举薪,燔二积薪,其攻亭鄣坞□□□,举薪,燔二积薪,和如品。

•县田官□□□丞尉官关河记,亟令吏□□薪□□诚勢□□部界中□畜□□□☑为令。

•匈奴人入塞,天大风,风及降雨,不具薪火者,亟传檄告,人走马驰以急疾□。

· 右塞上蓬火品约。

从《塞上烽火品约》的细节来看，这是一套非常严密的信息传递系统，依据敌人的多寡及远近把敌情分为五品，敌情品级不同，烽火的组合品级也就不同，烽号的举放次第及次数（数量）也随之而变。除关注入塞人数外，同时还根据敌人入侵的方位制定了一些特殊信号，规定了不同的举烽方法。比如一旦遇到雨雪天气，烽火难以传递，就采取派遣驿骑驰告或传檄等措施来补救。《塞上烽火品约》对研究汉代边塞地区的烽火报警系统和防御设施具有重要价值。

苣这件文物最直观的是它的材质，所以诗歌的第一节以苣的制作材料展开叙事。在上千里的边塞上，苣的用量极大，根据便宜和易燃这两个要素，西北地区一般使用芦苇或芨芨草。这两种植物一般生长在水边，对于生活在干旱地区的西北人而言，这类耗水量极大的非粮食作物实在是太浪费资源了。它们通常占有着河西走廊上最珍贵的水资源，致使"小麦和棉花的生活难以为继"。除了无法提供粮食之外，作为草，甚至连马儿也厌弃它。芨芨草和芦苇的纤维较粗，因此口感极差，不到生死存亡之际，牛羊和骏马绝不会吃这种草料。这么看来，它们似乎一无是处。

到了第三节，人类终于发现了它的意义，即传递烽火。芨芨草和芦苇躯干长而整齐，十分适合进行捆扎，这就方便了士兵的运输、储存和分拣过程。另外，两者的躯干都是中空的，燃烧时方便通过空气，不仅提高了起燃和燃烧的速度，还能产生大量的浓重烟雾，增加了传递信息的准确性。笔者就生活在河西走廊上，芨芨草和芦苇是生活中最常见的植物之一，每当看到它们中空的内部，总觉得那细长的空间是一种"隐秘的容器"。那么,它究竟是用来储存什么的呢?后来,笔者在瓜州县的戈壁滩上进行文物普查的时候,看到那一个个汉唐时代的烽燧时,终于知道了答案。"烽火连三月,家书抵万金",那些中空的腹腔内装填的正是戍卒的家书和帝王的雄心。当"骊山的烽火台上传来边关的讯息"时,正是缄口不言的它"第一次开口说话",长安城里的帝王就能从浓烟中洞见他辽阔的疆域。

　　科技的进步就是用更少的能量传输、存储和处理更多信息。在这一点上,我们不得不叹服古人的智慧,他们在两千年前已经发明了"烽火",以这种高效便捷的方式传输信息。时至今日,这种"折叠信息"的智慧仍旧启发着后来人,引导着后来人抓取科技树上的果实。

木转射

出土地：内蒙古额济纳旗居延甲渠候官

出生日期：汉代

居住地：甘肃简牍博物馆

简介　　由四根方形松木榫铆接而成，中心置一圆柱，轴心开一内高外低的斜孔，圆轴下部安装木小柅，可使中轴左右转动。

木转射

刀斧加身
我被工匠设计成填补垛口的盾
中间的缺口是我的喉舌
用来投掷储存在身体里的斧影

在河西走廊的风口上
我承受了太多的明枪和暗箭
只要我一张口
就能用更锋利的铁刃还击

木盾和铁矛只在一念之间
关键在操纵这一切的人心

诗者说

在防御性城市的城墙上,一般都有密集的垛口,远远望去参差不齐。垛口是用来做什么的呢?它高出的部分一般与人的身高齐平,用来掩藏士兵的身体,而它的缺口则用来瞭望敌情和用作反击攻城之敌的射击口。这么看来,这种掩体堪称攻防兼备,似乎万无一失。

从进攻的一方来看,城头上的垛口还有空隙可钻,因为那就是士兵用来射箭的射击口。为了方便守城士兵的观察和射击,缺口的大小一般都是20厘米~30厘米见方,当城下万箭齐发的时候,总会有几只箭从缺口位置射进来,射伤守城士兵。为了防止这种危险的情况出现,木转射就应运而生了。木转射是加强墙体垛口防御力的辅助设施,射击口的大小决定了它的尺寸,一般是呈长方形的木头框,可以镶嵌在射孔之上。在框中有一根可以转动、中间带有方形孔洞的圆木,可架设弩臂或弓矢,下端还有一个小型的把手,能向左右转动120度。平时一般将木转射转到一边,封闭射孔。一旦发生战事,守城的士兵就会将射孔转出来,然后通过射孔,开弓对城外的敌人射箭。木转射的射孔只有两厘米见方,除非是百步穿杨的神箭手,一般人是不可能射伤守城士兵的。等射击完成后,士兵就可以将射孔转到正对木框的位置,以防冷箭偷袭。

诗歌的第一节首先从木转射的制作材料讲起。木转射由木材制作而成，在这个过程中自然要经历斧劈锯割，"刀斧加身"之后，一棵原本自由生长在山林里的树，被设计成"填补垛口的盾"。在木转射的中间有一个缺口，笔者把它比喻成"喉舌"，有一个成语叫作"唇枪舌剑"，笔者想象它在被改造成木转射的过程中，一定储存了很多刀砍斧劈的伤痛，所以这个缺口就是这种情绪的出口。

除了制造过程中遭受的"斧影"之外，它作为保护垛口的盾，作用就是为人类抵挡来自城下的"明枪和暗箭"。在第二节，笔者把它比拟成一个有仇必报的人，面对别人射过来的箭，它的喉舌里会用"更锋利的铁刃还击"。

以眼还眼，以牙还牙，这是《汉谟拉比法典》最重要的规定之一，从而塑造了一个快意恩仇的世界。你杀了我，我的儿子杀了你报仇，你的儿子又要杀了我的儿子报仇，被仇恨牵动的世界似乎永无止境。然而，回到木转射的身上，我们却看到了两种可能性，即盾和矛。木转射可以用来射箭，同时又是保护士兵的掩体，关键得看小小的把手如何扭动，把手自己是无法扭动的，全凭手握住把手的那个人。如果回到人的身上，那个木把手不就是人的心吗？所以"木盾和铁矛只在一念之间"。

悬泉置简

出土地：甘肃省敦煌市悬泉置
出生日期：汉代
居住地：甘肃简牍博物馆

邢耀龙 摄

简介　一块薄薄的木片上写着"悬泉置"三个字，这是证明该遗址是悬泉置的最重要的证据。

悬泉置简

三十六国是浮在沙海上的小舟
西域的右岸上
我是最坚固的一根木桩

敦煌是看守我的纤夫
我身上的勒痕
那是船头缆绳写下的史书

汗青沉睡在流沙之下
等待有人能从纵横交错里
读出我的喜怒忧思悲恐惊

诗者说

悬泉置遗址位于今天敦煌市和瓜州县的交界地带。"置"是汉代邮驿系统的一个行政单位，汉代的政策一般是五里一邮、十里一亭、三十里一置。在丝绸之路上密布的邮、亭、置，像一个个信号基站和快递服务点，是区域的信息和物流的集散中心，从而组成丝绸之路最发达的神经网络。自汉武帝从西域引进良马之后，河西地区的军马大量繁殖，这个系统也开始飞速运转，保证了中原王朝对边远地区的管理和控制。

《后汉书·西域传》中谈到设置驿站的规则是"列邮置于要害之路"，要害之路就是东西交通必经之地。从西域到长安路途遥远，再加上这一路刚好是中国荒漠、戈壁最集中分布的地区，在古代的交通条件下，丝绸之路的正常运转需要沿途提供物资补给。为了官员们出差的方便，为了军队行军的物资供应，为了西域各国与大汉的交流，汉王朝就在丝绸之路上那些有水源、交通便利、遮风避雨的地方修建了驿站，悬泉置应运而生。

悬泉置是为了汉朝和西域各国的交流设立的，作为官方驿站，从目前出土的文物来看，悬泉置仅服务于汉朝和西域各国的公务员，尤其是接待过很多西域使团。如鄯善（楼兰）、精绝、于阗、康居、莎车、疏勒、龟兹、且末、小宛、焉耆、渠犁、尉犁、扜弥、乌垒、车师等等，几乎囊括了西域三十六国，简直就是汉朝外交部西北办事处兼大汉边境国宾馆。如果把塔克拉玛干沙漠比喻成大海的话，西域三十六国就是"浮在沙海上的小舟"，这些生活在船上的渔民总要和岸上的人交流，悬泉置就是三十六国用来系缆绳的木桩。确实，邮驿制度是汉王朝经营西域的重要手段，悬泉置作为敦煌郡的接待服务中心，其建筑设施和物资配备规格颇高，是汉王朝综合国力的缩影。丝路漫漫，每当西域使团喝了数月的西北风之后来到敦煌，悬泉置温暖的灯火就在眼前，这是他们期待已久的停泊之处，所有需求一应俱全，无需抵达京师长安，大汉的天威和国力就已深入西域人民的心。因此，悬泉置是中原王朝展示文明成果的窗口，吸引着西域各国的目光，最终促使西域成为中原王朝的一部分，奠定了今日中国的版图。

悬泉置出土了有字汉简2.3万枚，内容最为丰富，涉及汉代政治、经济、军事、法律、中外交流、民族关系等各个方面。因为诗歌的第一节把悬泉置比喻成岸边的木桩，那么，它一定会有缆绳的勒痕，这"勒痕"其实就是汉简上的那些字，笔者则把它比喻成那些曾在这里停靠过的人书写的史书。因为悬泉置只是一个敦煌郡东面的小驿站，来到这里的人绝大多数都不是史书里的大人物。在这个意义上，悬泉置就是一个汉王朝的大数据储存库，丝绸之路上发生的人和事都曾被它默默记录下来。

司马迁的《史记》、班固的《汉书》、范晔的《后汉书》为我们记载的是大人物的历史，是宏观的汉朝和丝绸之路。汉简里的历史是小人物的历史，丝绸之路不再是《史记》里张骞的功绩，它是千万人为了生计走出来的一条生存之路，丝绸之路的每一个变化都关乎他们的生死存亡。所以汉简里的家长里短，是每一个具体的丝路人的"喜怒忧思悲恐惊"，汉简带我们走进的是一个微观的丝绸之路。

"白马作"毛笔

出土地：甘肃省武威市磨嘴子 49 号东汉墓

出生日期：汉代

居住地：甘肃省博物馆

采自甘肃省博物馆官网

简介　　通长 23.5 厘米，杆径 0.6 厘米，笔头长 1.6 厘米。笔杆竹制，中空，精细匀正。笔杆中下部阴刻篆体"白马作"三字，"白马"是工匠的名字。笔头外覆黄褐色软毛，笔芯及锋用紫黑色硬毛，刚柔并济，富有弹性，适于在简牍上书写。

"白马作"毛笔

因为啬夫把我插进受之父母的长发
我在关城的垛口上
看尽了激扬与悲情的故事

我浓稠的墨色是从啬夫的青丝里夺来的
等河西四郡的征夫全部变成白发时
就能装满一肚子的墨水

我被高高举起
宛如刚刚从渥洼池里跃出的白马
在汉简上奔走了四个世纪

诗者说

从考古发现的资料看，商代青铜器铭文中的大量字迹上已经可以看到圆润的笔道或笔锋，有的字甚至还有提顿，在玉器、陶器上也保留有毛笔书写的痕迹，因此，学者们推测商代的日常书写已经开始使用毛笔了。

目前所能见到的最早的毛笔是战国时期的。1983年，在甘肃省天水市放马滩一号墓出土了两支毛笔，于秦始皇八年（公元前239年）下葬。由此可见，在战国时期古人已经普遍使用毛笔，秦简上的文字就是用这样的毛笔写上去的。除此之外，在甘肃省武威市磨嘴子汉墓又先后出土了两支毛笔，其中，1972年在49号汉墓中出土的就是"白马作"毛笔。这支毛笔是迄今为止我国所有出土汉笔中保存最完整、制作最精良、最早刻有笔工姓名的一支，是汉代毛笔的代表作。与"白马作"毛笔同时出土的还有一件长方形扁木匣，里面装着一台规整的长方形薄石砚。笔墨纸砚是中国人的文房四宝，汉代时期这四件东西已经全部出现，为文化的交流和传播提供了优良的物质条件。

"白马作"毛笔通长23.5厘米，正是汉制长度单位的一尺，与《论衡》中记载的"一尺之笔"相吻合，表明当时的毛笔制作已经有了成熟且严格的规范，实现了毛笔生产的标准化。同时，这支笔也具备古人对一支好毛笔的要求，即具有"尖、齐、圆、健"四个特点。最有趣的是，"白马作"毛笔的笔杆尾端有一个钝尖，这种设计是为了方便把笔杆插进发髻里，毛笔出土时刚好就在墓主人头部左侧的位置，因此研究人员推测在墓主人入殓时，这支毛笔就簪在他的头发上，从而证实了汉代文官的"簪笔"习俗。毛笔当发簪，这是古人的时尚，今天的读者可能马上会想到上个世纪五六十年代的知识分子，那时候的人喜欢在上衣口袋里插一支钢笔，不仅使用方便，也是一种十分儒雅的装饰。

古人簪笔的习惯与当时人们使用的家具有关。在胡床引进中原之前，人们普遍使用的皆是低矮型的家具，形成了古人"席地而坐"的习惯。跪坐在席子上的时候，只能拿着纸用毛笔悬肘书写，也没有适宜放笔的位置。为方便毛笔的取用，古人一般把毛笔插在头发里。另外，古代官员上朝议政要持笏板来随时记录君主的命令或者旨意，朝堂上更无搁笔之处，把毛笔插在头发里无疑是最简便的方法。这样既解决了无处放笔的问题，又能做到随取随用，工作穿搭两不误。

自从毛笔被发明出来之后，簪笔成为文人的习俗，《史记·滑稽列传》中就记载了西门豹"簪笔磬折，向河立待良久"的形象。李峤的《皇帝上礼抚事述怀》诗中就有"小臣滥簪笔，无以颂唐风"的诗句。除了文字记载之外，山东沂南汉墓出土的画像石上还有图像为证，画面中一位官吏双膝下跪，双手捧举案牍，耳旁就插着一支毛笔，可谓有图有真相。

从考古发掘的情况来看，汉代及其以前的毛笔绝大多数出土于甘肃，这里不仅保存了记载丝绸之路历史的简牍，连同书写这段历史的"白马作"毛笔也成了历史，见证着记录者眼中的世界。

诗歌的第一节以古人簪笔的习俗为开端。在河西走廊上，为了保证丝绸之路的畅通，中原王朝设置了很多驿站，用来"以给（jǐ）使外国者"。除此之外，驿站还有传递官府文书和军事情报的功能，为了

临沂北寨汉墓中出土画像砖上的书吏形象

满足往来官员的物资传递和餐饮住宿的需求，驿站配备了以啬夫为首的行政管理人员。啬夫除了提供生活服务之外，还要负责政府公文的核查、存档和管理等工作，所以毛笔是其开展工作的重要文具，悬泉置遗址出土的汉简绝大多数是由当年的啬夫书写的。因此，笔者把啬夫头顶的毛笔拟人化，开始了全诗的叙事。

簪笔是把毛笔插进头发当发簪使用，头顶是一个人身体的最高部位，当悬泉置的啬夫站在角楼上极目远望时，"白马作"毛笔有了一种登高望远、看尽万家灯火的意象。更重要的是，无论是历史上如班超、李广利、解忧公主这样的大人物，还是在丝绸之路沿线生活的小人物，都曾经过河西走廊上的这些驿站，所以"白马作"毛笔见证过很多人"激扬与悲情"的故事。

"羌管悠悠霜满地，人不寐，将军白发征夫泪。"对于中原来说，河西走廊实在是山高路远，古代驻守在这里的戍卒很多都是"入时十六今六十"，能在老年拖着病体回到故乡是无数守边将士的愿望。因此，当一位头发花白的啬夫头上簪着一支墨色浓重的笔时，那将是一幅极具视觉冲击力的画面。墨色从何处得来的呢？河西走廊上从不缺少"白发征夫"，笔者就想象毛笔是汲取了他们头发里的黑色素，才能"装满一肚子的墨水"。

啬夫蘸好墨水之后，就要开始在简牍上写字了。看到"白马作"这个名字，笔者再看汉简上的文字时，这不就是黑色的马蹄印吗？巧合的是，在敦煌就有渥洼池出天马的典故[1]，笔者就把这支笔比作汉武帝的天马，在汉简上书写了两汉四百年的历史。

---

[1] 邢耀龙：《敦煌大历史》，北京联合出版社，2022年出版，第61页。

木羊群

出土地：甘肃省武威市磨嘴子汉墓
出生日期：汉代
居住地：甘肃省博物馆

邢耀龙 摄

简介　器身施白粉，眼、口用墨线描摹，造型简洁生动。

木羊群

西戎、月氏、乌孙、匈奴
那些曾经在草原上驰骋的单于啊
当他们夜遁到历史里
就会变成祁连山下的一只绵羊

烈日之下
我褪去厚重的皮袄
《史记》是一束失去春风的干草
咀嚼出一肚子的苦水

我是一只有草吃的羊
啃食山顶的月光

诗者说

笔者在《敦煌大历史》这本书的第一章中讲述了四千年前敦煌的自然环境，那时候的整个河西走廊遍布湿地和湖泊，湿润程度宛如江南。但是，如今的西北留给我们的印象却是干旱的荒漠和戈壁。究竟是什么原因让这里的自然环境发生了如此重大的变化呢？原来，在公元前1500年前后，北方大部分地区发生了降温，降温幅度在6.5℃至8℃，降水量也随之减少到250毫米左右，不及原来的一半，敦煌西部出现大面积活化沙丘，荒漠草原成为敦煌的主要地形。自然环境的变化，迫使生活在湖畔的人们改变自己的生活方式，逐渐演变成游牧民族。汉武帝在河西走廊设置四郡之前，这里一直都是草原民族的聚居地，羊是这片土地上最常见的物种之一。

来过敦煌的人应该对西北的羊肉留有十分深刻的印象，清甜的肉香、丰富的汁水、红润的肉质、无膻无腥的味道让人欲罢不能。没有一只羊能活着离开甘肃，只有你前来亲自品尝，才能明白多种滋味融合在一起的奇妙之处，这一切的描述都远远不及半斤手抓羊肉来的真实。那么，甘肃的羊为什么那么好吃呢？

作为一个土生土长的甘肃人，根据笔者的经验，大概是出于以下这几个原因：西北盛产绵羊，绵羊肉脂肪含量相对山羊肉较高，肉质柔软，食用起来嫩滑爽口；西北人喜欢吃小羊，比如著名的"靖远羊羔肉"这道美食，小羊肉质尤为鲜嫩；西北人绝大多数都在戈壁滩上放养羊群，羊肌肉与脂肪的含量则更为均衡，蛋白质的含量增高，使得口感更加弹牙香嫩；西北分布着大量的盐碱地，土地中含有大量的硫化盐与硫化碱，羊不仅舔食盐分，还常吃富含盐分的植物，中和了产生羊膻味的脂肪；最后，西北的草原和荒滩上长着各种草药，吃草药长大的羊自然非同一般。所以，一块鲜美多汁的羊肉是由多种因素共同影响才能得到的。

诗歌的第一节从河西走廊上生活过的民族说起。一方水土养一方人，正是因为河西走廊这块神奇的土地，才有了西戎、月氏、乌孙、匈奴等这些独特的民族。"月黑雁飞高，单于夜遁逃。"历史的春风吹了又吹，草原上的民族像牛羊一样，走失了一只之后又会有新的出现在祁连山下。每当笔者坐在河西走廊的草原上吹风的时候，总觉得那些埋头吃草的绵羊就是"那些曾经在草原上驰骋的单于"。厚重的羊毛是他们的伪装，只有在盛夏时节，他们才会把这层伪装褪去。他们已经无法再次变成单于，他们的故事被定格在《史记》里，住在长安城里的历史学家自然不可能知道草原上的全部真相，那些被剪辑后的句子已经成为盖在棺椁上的定论，使他们在历史上留下的可能是一个被曲解的面孔。历史就是这样，我们现在能够掌握的都是被时间裁剪下来的碎片，因此任何人都无法依托零星片语的记载抵达真相。而他们也许等待了许久，但"吹又生"的春风不来，时光也不会倒流，他们再也没有重写草原故事的机会，咀嚼历史的时候，徒留"一肚子的苦水"。

作为祁连山下的绵羊，它们从来不缺少牧草。就在今天，它不想为了生计啃食青草，而是想尝尝山顶的月光，那里或许有当年故事的存档。是的，这是一只啃食月光的特立独行的羊。

令毋余酒简

出土地：甘肃省敦煌市悬泉置遗址
出生日期：汉代
居住地：甘肃简牍博物馆

邢耀龙 摄

简介

在一截松木制作出来的简牍上，只写有四个字"令毋余酒"。

令毋余酒简

悬泉是征夫的泪腺
贰师将军的失意一剑,就能轻易地
刺穿四十年的坚持

坞堡的西墙上写满了新愁
啬夫搬空窖藏,用班定远的故事
抚慰即将走出玉门关的使者

你,一个从未走出玉门关的河东戍客
借着西落的斜阳
把身影投射得越来越长

诗者说

  悬泉置最主要的工作就是接待往来的官员和使者，在公务接待方面，悬泉置有一套完整的传食制度，包括食物供应、食物种类、食物存贮、食物加工以及饮食器具使用等。悬泉置的接待标准是按照所接待人员的身份和职位提供相应的传食标准，在提供的食物中，最具特色的就是悬泉置酿造出来的美酒。汉代饮酒之风盛行，悬泉置出土的汉简上常有喝酒的记录，还为使者、贵人等有身份有地位的人员提供精致的酒具。悬泉置因泉水从石缝里悬出而得名，悬泉汉简上就曾记载"出米一石二月以治酒一酿食泉上"，可见悬泉置的后勤人员会从悬泉置后面山中取来泉水，用来自酿美酒，接待八方来客。热情的啬夫对着客人"劝君更尽一杯酒"时，使者端起一杯温酒下肚，丝绸之路上的故事也就像悬泉水一样，从席间娓娓道来了。

  如今的悬泉置已经埋藏于地下沦为废土，可在两千多年前，它是多么辉煌，车马喧嚣、人声鼎沸，丝路上南来北往的宾客使者们在这里汇集，高朋满座，谈笑风生。如今，英雄的壮志、公主的泣泪与汉简一同沉睡在这片荒滩之下，杳渺无音。

  书写历史作品的时候，因为史料的限制，笔者只能依据悬泉置出土的文献，讲述那些往来于丝绸之路的使者。然而，当所有的笔墨都用来记录移动着的人时，历史却并没有给守着悬泉置的那些人一个特写。幸好还有诗，诗歌的伟大之处就在于可以用想象力补齐那些历史缺失的部分。基于这样的原因，笔者打算从一个来自河东郡的悬泉置保安讲起。

诗歌的第一节，笔者把从山石里喷出来的悬泉水比喻成"征夫的泪腺"。征夫为什么会流泪呢？因为战事的失败。太初元年（公元前104年），汉武帝派贰师将军李广利远征大宛，第一次出击无功而返。李广利上书请求罢兵，武帝震怒，下令退入玉门关者立斩，李广利只得留屯敦煌郡。所以，四十年在边塞戍守的你原本打算在这一次军事行动中获得战功，荣归故里，却换来一个大败亏输的结果。

第二节你把一位朝廷派来出使西域的使者迎进门，看着他在"坞堡的西墙上写满了新愁"。其实，你的内心也有很多愁绪，但却没有资格在这个自己守护了四十年的地方书写，只因为身份低微，你的名字没有资格与那些大人物挤在一块墙壁上。为了抚慰远行的使者，你的领导啬夫搬空了你新酿出来的悬泉酒，用班超在西域建功的故事激励满面愁容的使者。

第二节的视角在室内，第三节的视角就到了烽燧上。使者和啬夫正拿着漆器在房子里推杯换盏，你已经手执长槊站在烽燧上开始了今天的工作。此时，你开始羡慕起那些强说愁的使者，他们尽管离开了故土前往西域，但总有完成出使任务的一天，到那时，他们将满载荣誉回归乡里。而你已经在这里守了四十年了，虽然从没有出过玉门关，但却始终回不到河东的老家（河东郡在今山西南部地区）。你唯一能做的，就是站在悬泉置的最高处，借着西落的斜阳，把身影向着故乡的方向投射得越来越长。

马厩图木版画

出土地：甘肃省酒泉市金塔县肩水金关遗址
出生日期：汉代
居住地：甘肃简牍博物馆

邢耀龙 摄

简介

长 25.5 厘米，宽 20 厘米，由三块木板拼接而成。画面为一棵树下拴马一匹，马后站一人，手中持有一件木棒类物品。马背上有只双腿劈叉、双臂攀扯树枝的猴子，其左右也各有一猴，十分抽象。

马厩图木版画

在信奉黄老的世界里
我是最赶时间的人

快一些、再快一些!
才能支撑起后来人想象的慢生活

这一次,苍老
同时追上了老伙计和我

花甲之年的快递手,终于
能把自己邮回故乡了

它在斜阳里奋力嘶鸣,似乎在说:
请相信,我还能再奔跑一次

诗者说

在出土文物中，常常能见到生活在马厩里的猴子。马和猴这两种动物为什么会组合在一起呢？在南北朝著名农学家贾思勰的《齐民要术》中记载："常系猕猴于马坊，令马不畏，辟恶，消百病也。"意思是马是一种比较容易受惊的动物，而且受到惊吓后，特别容易发狂，这种易惊易怒的状态很容易导致生病。另外，战场上情况非常复杂，如果马儿容易受惊，那将是极其危险的事。因此，和天性好动的猴子养在一起后，那些神经质的马就可以得到一定的锻炼，从而培养马稳定的心理情绪；另外，马蝇会叮咬相对安静的马，马厩中活泼的猴会惊扰马蝇，提高马对吸血虫病的抵抗能力。这就是《西游记》中孙悟空被封为"弼马温"的背景。

正是因为这幅木版画里出现了猴子，学者们认为这是描绘古人治马疾的过程。在汉简中就出现了不少兽医方，比如"治马胺方：石南草，五分"，"胺"指肉腐烂变臭，"石南草"具有消炎、止痛、疏血等功能，所以这个方子是治疗马伤口感染的方剂；"治马伤水方：姜、桂、细辛、皂荚、附子，各三分。远志，五分。桔梗，五分。□子十五枚。"记载了治疗马喝水中毒的配方以及用药的剂量。这些兽医方出现在边塞，证明汉代对牛、马等牲畜有完备的管理措施和治疗手段。

到了今天，那个车尘马迹的时代早已远离了我们的日常生活，马也成为我们十分陌生的动物，人和马之间曾经亲密无间、生死与共的关系也渐行渐远。当我们通过汉简阅读到那些关于马的往事时，一匹匹奔驰在丝绸之路上的骏马似乎从草书的墨迹里逐渐显现出来，跟随着铁蹄击起的烟尘，让今人再次感受到万物之间彼此牵连的真挚情感。

诗歌的第一节，笔者首先交代了汉代的黄老思想。在汉初，以文景两位皇帝为代表的汉朝统治者信奉黄老之术，即黄帝和老子的无为思想。因此，那个时代的人过着今人十分羡慕的慢生活。在这样的背景下，驿站工作人员就显得鹤立鸡群，他们是无为而治的社会里"最赶时间的人"。生活的真相是，如果有一部分人想要享受慢生活，则必须有那些如工蚁一样的黔首在看不见的民间劳作，才能支撑起一个贵族恬静的午后。为了能让夜光杯里泛起葡萄酒的涟漪，驿夫们在丝绸之路上不停地奔波，从而维持了史书里的理想国。

然而，人总会变老的。到了第三节，笔者描写了一位步入老年的驿夫和一匹曾经在河西走廊上驰骋的老马。他们曾经是驿道上的最佳搭档，在天衣无缝的配合下，无数珍宝和重要的消息都抵达了长安城，从而塑造了这座城市的伟大。然而，这次他们双双步入老年。

第四节和第五节是驿夫和老马面对苍老时的两种情绪。对于驿夫而言，他少小离家，如今终于不用在河西走廊上奔波了，他曾经向东面邮回去很多东西，这次他终于"能把自己邮回故乡了"。但是，对于老马而言，它的一生都奔走在丝绸之路上，它的整个生命都嫁接在驿站的使命里，曾经的它那么矫健，所以它无法接受自己的苍老。于是，"它在斜阳里奋力嘶鸣"，希望还能再奔跑一次。

数十年的工作时间占据着人生命的主要部分，当我们终于离开工作岗位时，该如何面对那一刻，这几乎是我们每个人都要面临的问题。当那一刻到来时，你准备用怎样的方式度过余生呢？

铜马刷

出土地：甘肃省武威市磨嘴子汉墓
出生日期：汉代
居住地：甘肃省博物馆

简介　　长17厘米，宽5.1厘米，呈长方形，柄端镂雕盘曲的龙，龙下部方框内镂雕一奔跑的马。刷体镂雕纹饰，两面有均匀密布的小尖刺。纹饰雕刻精美，铸造精良。

铜马刷

周秦汉唐是马背上的乘客
时间把自己变换成一把铜刷

在驿道上奔驰而过时
车尘开始在虚空中弥散
只有那些最沉重的
才能附着在鬃毛的根部
八千年的日常
除了积累尘垢
还会在铜板上长出结

瘙痒，总在黎明之前发作
我则埋头从历史里犁过

诗者说

因为汉高祖刘邦的白登山之辱，汉人对匈奴人的骏马印象十分深刻。马是古代战场上最重要的战争资源之一。汉王朝拿下河西走廊之后，这里一直都是中原王朝军马的生产基地，因此，自汉代以来就形成了运行有度的马政，并配备了专业人员管理军马。在饲养马匹的时候，河西人掌握了很多养马的技巧，马刷就是其中的一大发明。

任何动物都会有皮肤问题，在自然环境中，马儿们可以通过打滚儿、磨蹭、啃咬来止痒，除去脱落的毛和皮肤角质、风干的泥渍和汗渍。另外，马儿也会用牙齿啃咬伙伴的颈部、背部、臀部，进行相互梳理，顺便帮助对方除掉身上的寄生虫。相互梳理是马的社交行为，是亲密伙伴之间的互动，类似于猴子相互抓虱子一样，从而构成社群内部的亲密关系。

当马儿被人类饲养到马厩中时，人就要扮演起伙伴的角色来。为了保护马的皮肤，古人发明了马刷。刷马的过程就是模拟马儿之间的相互梳理的行为，这也是为什么刷马可以促进人马关系的原因之一。在刷拭过程中，人和马之间会建立起相互信任，马儿因为你刷毛的动作而感到舒适，从而建立起亲密关系，当你骑在它的背上时，它也会更积极地回应你的要求。

交通工具的变革往往是一个新时代开启的先兆，如同第一次工业革命的代表是蒸汽机一样，马作为古代最重要的交通工具，它的优劣直接决定了古代社会发展的水平。在没有蒸汽机之前的古代，马的速度就是社会速度的上限。正因如此，在诗歌的第一节，笔者把"周秦汉唐"比喻成马背上的乘客，封建王朝通过马这样的交通工具完成了内部的正常运行。

然而，任何一个王朝在运行的时候总会出现各种各样的问题，就如同马儿在奔跑的时候，那些灰尘会"附着在鬃毛的根部"，成为阻碍封建王朝发展的隐患。在历史演进的过程中，面对问题和挑战，智慧的人会想出五花八门的解决方案。所以，"时间把自己变换成一把铜刷"，那些思考者把自己的智慧凝结成块，想出来的解决方案就是这把铜刷上突出的尖刺。

在数千年的中国历史长河中，古人积累了无数智慧的结晶，是我们解决当下问题的参考答案。时代的变革就像黑夜和白昼的转换，总在一个时代的末期爆发各种各样的问题，一如时间之马的身上爆发的"瘙痒"一样。面对难题，中华民族从来都不会手足无措，因为我们的祖先经历过的挑战足够丰富，古人留下来的解决方案足够多，只要我们翻看一下厚重的历史，总会从中得到启发。

所以，如果你正在面对人生中的一个难题，不妨把自己想象成这件铜马刷，再从中国历史肥沃的土地上"犁过"一遍，就一定会有所收获。

驱驴急行砖

出土地：甘肃省张掖市黑水国遗址
出生日期：汉代
居住地：张掖市博物馆

邢耀龙 摄

简介　　砖体呈长方形，画面的左上方是一钩弯月，月下有一头小毛驴正在急行，毛驴的身后则是一位正在挥鞭的人。工匠用尖锐的物体在砖的平面上刻画形象，线条十分简练，寥寥数笔就勾勒出了一幅邮差月下赶路的场景，简洁中不失童趣。

驱驴急行砖

在丝绸之路上
我没有骆驼的高大
马的速度
牛的好脾气
物以稀为贵
同类繁多的我，一如蝼蚁
被长鞭驱使着向前

人类的思维里
生长着许多根深蒂固的偏见
大地上的丝绸之路，交错
仿佛一碗黄面
我变换成一道敦煌人的美食
等待着有人咥面时，从浇头里
翻找到遗忘千年的真相

诗者说

首先,我们一起答一个场景想象的题目:当提到古丝绸之路时,你的脑海里出现的第一个画面是什么呢?

笔者曾多次向朋友问过这个问题,答案几乎完全一致:在茫茫的大漠之上,一阵悠远的驼铃声从天际传来,一队骆驼正驮着丝绸等物品在沙梁上行进,影子被夕阳拉得越来越长。

确实,在人们的印象中,丝绸之路是极为艰苦的旅程,因为在今天的宁夏、甘肃、新疆等地区分布着大量的沙漠,使丝路贸易面临着巨大的挑战。在古人掌握的诸多用于交通的牲畜中,能够适应极端干旱环境的骆驼是人们最理想的选择。骆驼的生理结构几乎是为沙漠而生的。骆驼的胃分为三室,其中的一室可以专门用来贮水,一次能喝下一百多升的水;骆驼的驼峰里贮存着丰富的脂肪,可以在缺乏食物的时候分解成身体所需的能量,能够在没有水的情况下生存三周,没有食物也可以生存一个月之久;骆驼的鼻孔能开闭,适合在沙漠中行走时防止风沙进入;骆驼的蹄子宽大,增加了与地面的接触面积,适合在松软的沙地上行走。正是因为骆驼强悍的生命力,因此它被誉为"沙漠之舟"。

然而,当我们回到真实的丝绸之路上时,你就会发现,骆驼在驿道上行走的场景其实并不多见。笔者的授业恩师沙武田先生十分关注古代陆上丝绸之路交通运输的情况，在莫高窟壁画上出现的丝路商人运输货物的牲畜中，有大量毛驴的身影，因此他对传统中把骆驼视为丝路主要运输牲畜的观念产生了怀疑。通过梳理敦煌壁画，再结合敦煌吐鲁番文书所记丝路商人的活动，发现历史时期活跃在丝路上最频繁的牲畜的身影其实是毛驴，而不是骆驼。

这是为什么呢？

首先，马、牛、驴、驼、骡等动物都是丝绸之路上的运输工具，大型牲畜骆驼因为价格昂贵、饲养成本高等原因，在现实世界里并不容易获取。商业世界运行的基本逻辑就是"降本增效"，从成本的角度考虑，毛驴的价格往往比骆驼便宜数倍，而且饲料成本很低，十分好养活，所以逐利的商人们更愿意使用便宜的毛驴来充当交通工具。

其次，汉唐时代丝绸之路上的自然环境远比今天好得多，即使在戈壁滩上，也分布着数量可观的泉水和小绿洲，商路上很少有横穿沙漠的情况。所以，对于商队而言，如果单纯从寻找水源、预知风暴等功能而言，一支商队有一两峰骆驼即可，其他大量物资的负载，仍然依靠这些任劳任怨的毛驴。

那为什么骆驼最终会成为丝绸之路的象征符号呢？恩师认为，对于丝绸之路上的运输工具，无论是普通读者还是史学研究者，往往会有先入为主的观念。无论是中原的墓室壁画，还是北朝及隋唐墓葬中出土的陪葬俑中，都出现了大量骆驼的形象，这些骆驼俑的驼背上一般有很多货物，又往往和胡俑一起出现。如果不作深入研究，我们很难从这些丰富的出土物中找到真相。墓葬中出现骆驼载物的形象，并非写实的手法，因为是陪葬品，所以人们一般用更贵的骆驼来装点墓主人的地下世界，这和今天很多乡村里给去世的老人扎纸花时，陪葬各种飞机、豪车、火箭等是一样的道理。如果这些纸花在一千年后被发现，我们总不能说这个一辈子也没走出大山的老人生前的交通工具是火箭吧。

所以，结合敦煌壁画和文献记载等研究发现，丝路运输其实以毛驴为主，但所有的"光环"却都给了骆驼。为此，恩师常常对我说："要给在丝绸之路上任劳任怨的毛驴，恢复该有的历史地位！"

正是基于以上的研究成果，诗歌的第一节就把毛驴与其他动物放在一起比较。通过一番比较下来，毛驴的劣势十分明显，它"没有骆驼的高大／马的速度／牛的好脾气"。所有的物品几乎都遵从一个规律，那就是"物以稀为贵"，在当时，毛驴因为饲养成本很低和用处很多的原因，被古人大量圈养，成为交通运输中使用最多的动物。这一点笔者很有体会，因为笔者的童年就在黄土高坡上度过，因为毛驴的价格低廉、不挑食，成为村里每家每户必备的畜力。笔者和同乡沙武田先生都有着放驴的经历，因此对毛驴在生产生活中的作用十分熟悉，所以才有了这样的研究。人类的注意力有限，只会把绝大多数的精力投放到那些濒危动物和受保护动物的身上，作为一种随处可见的动物，毛驴从来不被重视。

"人类的思维里，生长着许多根深蒂固的偏见。"我们往往对不熟悉的事物习惯于简单概括，再经过口口相传，成为所有人的共识后，从而彻底丧失真相。当笔者向很多人谈论真相的时候，人们的第一反应是：绝大多数人并不是学者，确实没有时间学习一整套的学术方法，从而在浩如烟海的历史里寻找到真相。

是啊，这确实是一个难以解决的矛盾。然而，当笔者第一次来到敦煌的时候，这个问题就迎刃而解。所有来过敦煌的人应该都有这样一个体验，当你请一个当地人推荐敦煌美食时，第一个听到的名字就是"敦煌驴肉黄面"。好奇怪哦！与丝绸之路和敦煌联系最紧密的动物明明是骆驼，但敦煌最具特色的美食为什么是驴肉呢？因为毛驴才是古敦煌最多的动物。那么，为什么在敦煌有这么多毛驴呢？因为它才是丝绸之路上最常见的交通工具。所以，只要你听到这个名字，你就获得了丝绸之路上的这个重要的真相。

其实，寻找真相的过程就是这么简单，它往往就隐藏在常识之中。

黄羊夹子

出土地：内蒙古自治区额济纳旗居延破城子遗址
出生日期：汉代
居住地：甘肃简牍博物馆

简介

  黄羊夹通过圈绳顺时针拧劲，等距离串编削成尖刺的木柴，中间留出的孔洞要比黄羊蹄稍小，黄羊蹄子一旦踩进黄羊夹会形成反翘，黄羊腿就无法挣脱。使用时，在黄羊经常经过的小路上挖小坑，将黄羊夹系上长绳，架空在陷坑上，掩土伪装，绳子一端用木桩拴牢，这个过程叫下套。下套通常会在不同的路径上下多个套，然后等待猎物踩中圈套。

黄羊夹子

始皇帝丢失了他的鹿
曾经的农民、役夫、亭长、破落户
都变成了猎人
他们在中原挖掘了种种陷阱
等待着鹿
一头撞进来

在没有鹿的草原上
我是一个多余的陷阱
等待着月光
从我布满尖刺的喉咙里穿过

诗者说

汉唐时期，黄羊是河西走廊上最常见的野生动物之一。如今草场的退化、人为盗猎和人类社会活动的干扰等原因，导致黄羊的种群快速减少，现已被列入《世界自然保护联盟濒危物种红色名录》，在中国为国家一级重点保护野生动物。

黄羊的体长一般在 1 米至 1.5 米之间，体重 20 千克~30 千克，身高在 1 米左右。它的头型偏宽短，四肢粗细适中，尾巴比较短，毛发呈现出枯黄褐色，臀部、下颌、胸、腹、四肢内侧一般是白色的。黄羊分布在中国的西北地区，以禾本科、莎草科及其他沙生植物的嫩枝、茎叶等为食，冬季以干草茎和枯叶为食。黄羊是一种十分容易受惊的动物，一旦受惊，臀部的白毛会竖起外翻。瓜州县的安西极旱荒漠国家级自然保护区内是黄羊的聚居区域，笔者常常在榆林窟窟顶的戈壁滩上看到黄羊的身影。许是习惯了我们这批住在榆林窟的邻居，笔者见过几次黄羊，它们看到笔者时会先拉开距离，然后再用硕大的眼睛盯着笔者，安静地站立一会儿之后，它们又会像东北地区的傻狍子一样在草原上蹦来蹦去，像是认出了挚友一般。

在古代，那些戍守边关的将士和驿站管理人员的伙食极为寡淡，在闲暇时，他们常常狩猎戈壁滩上的动物来打打牙祭，黄羊就是士兵们狩猎的主要目标。因此，黄羊夹子是河西走廊上十分常见的出土文物，士兵们会将黄羊夹子放在黄羊经常出没的地方，然后将其设置成触发状态，以便在黄羊踏上夹子时能够自动闭合，从而补充珍贵的肉食。如今，由于黄羊夹子可能对野生动物造成严重伤害，因此已经禁止使用这种捕猎工具了。

　　黄羊夹子是用来捕猎的，这种意象让笔者立刻联想到了《史记》中记载的"秦失其鹿，天下共逐之"。笔者一直十分庆幸自己有着历史学的专业背景和敦煌石窟工作的经历，正因如此，才让笔者的诗歌作品有了独特的历史性，这种厚重感是文学创作中十分珍贵的。

　　在诗歌的第一节，笔者借用逐鹿中原的典故，将黄羊夹子放大到整个中国历史之中，让其承担起推动历史发展的诗歌意象。太史公把王朝天命比喻成一只鹿，"始皇帝丢失了他的鹿"之后，鹿暂时没有了主人，从而引发了各路英雄豪杰对它的争夺。为了抓住这只鹿，"农民、役夫、亭长、破落户"用尽了各种手段，从捕猎的角度来看，这就等于各种各样的捕兽夹。最后，那只鹿踩中了亭长刘邦埋下的黄羊夹子，他因此成为汉朝的开创者，这也暗合了这件黄羊夹子的时代。

　　诗歌的第二节，时间转换到了今天。笔者生活的那片戈壁滩上依然有很多未被发现的汉代黄羊夹子，它们就好像当年那些人用来捕捉秦朝之鹿的陷阱，时移世易之后，已经没有了意义。此时，黄羊已经成为国家一级重点保护野生动物了，两千年之后的它们也早已朽烂得无法使用了。所以，笔者就把它比喻成了"一个多余的陷阱"，苍老的它再也捕捉不了黄羊、秦鹿、兔子和土拨鼠了，唯一能捕捉到的是戈壁上的月光。

　　为什么是月光呢？因为月亮里藏了很多逐鹿中原的老故事。此时的黄羊夹子就像一个两千岁的老人，咀嚼月光，就是在咀嚼历史。

烧烤炉

出土地：甘肃省酒泉市下河清汉墓
出生日期：汉代
居住地：甘肃省博物馆

邢耀龙 摄

简介　　这件烧烤炉非常精巧，底部小上面大，大小和一只碗差不多。整体结构分为上下两层，底部用来放置炭火，三面开口的设计方便整理灰烬和进风；顶部是一个圆形支架，支架空隙比较细密，用来放置肉串或肉片烤制。另外，镂空圆盘的顶部有三个小支架，应该是用来烤胡饼或烧水的。

烧烤炉

我是一张由青铜打造的网
鲈鱼从河里被线网拖出时
我再从它饱满的身体里
拽出最后一瓢弱水

河西四郡的边塞上
除了烽火
也会升起槐木味的炊烟

历史总喜欢附着在坚硬的事物上
如果不是锡筋铜骨
纤弱的我难以经受时间的炙烤

两千年之后
我被子孙重新启用
用来招待八方来客

在博物馆的展柜里
那个七岁的孩子从我细密的网眼里
品尝出大汉的一百种味道

诗者说

烧烤，是人类发明的第一种食物的烹饪方式。根据人类学家的研究，人类大概是在一场森林火灾中发现了火，与此同时，森林中的很多动物都在这场大火中被烤熟了，当人类品尝了这种意外得到的味道之后，就发现了烧烤的秘密。烧烤对人类的意义极大，食物在加热的过程中，细菌会被杀死，大大降低了原始人类食物中毒和疫病传播的概率，延长了人类的寿命。其次，熟肉中的营养成分更容易被人体吸收，特别是脂肪在烹饪过程中变得易于消化，为大脑的发育提供了充足的能量支持，促进了人类大脑的进化和发展。因此，烧烤的发明在身体和脑力两个层面都为人类提供了必要的物质条件，人类文明发展的历程开始加快。

在中国古代的神话传说中，烧烤是伏羲发明的。伏羲取来天火后，开始教会人们用火把肉烤熟之后再进食，为了纪念伏羲，人们把他尊称为"庖牺"。史籍里的伏羲是甘肃天水人，由此可见甘肃烧烤的源远流长。从甘肃人的口味上进行评判，甘肃最好吃的食物是在河西走廊上。

河西走廊原本就是乌孙、月氏、匈奴等游牧民族的领地，因此这里有着甘肃最好的牧场。在两千年前的汉代，河西之地是一条绿色的走廊，这里有雪山、草原、森林、湿地、湖泊等各种各样的地理环境，是中国地貌类型最丰富的地区之一，因此，各种哺乳动物、飞禽和鱼类在这里栖息，为烧烤准备了丰富的食材。另外，河西走廊地处丝绸之路的黄金节点，各种美食在这里交相汇集，缔造了河西走廊丰富的美食文化。

西汉桓宽《盐铁论·散不足》中记载："今民间酒食，殽旅重叠，燔炙满案。""燔"是把肉直接放在火上烤，"炙"是把肉串起来放在火上烤。燔炙这两种烤法不仅在文献中有记载，在山东、四川、河南等地的汉代画像石上也多有描绘，这些画像石大多展现了串烤的形式，与今天的烤羊肉串非常相似。当然，如果要论最丰富的烧烤图像，当属嘉峪关新城魏晋墓壁画砖了，在这些壁画砖上，宰羊、取肉、炙烤等图像宛如一部连环画一样，生动地表现了古人烧烤的全过程，是我国古代保存最多的关于烧烤的考古资料。

"炙"这种烧烤的方式由来已久，自人类发明火的保存方法之后，就用火来烤熟肉食。通过对湖南长沙马王堆一号墓出土的遣册进行研究，可知汉代已经有了牛炙、牛肋炙、犬肋炙、犬肝炙、豕炙、鹿炙、鸡炙等各种各样的烧烤。当然，你可能会觉得汉代的烧烤太过寡淡，因为此时既没有唐代时传入的孜然，也没有明代传入的辣椒。

嘉峪关新城魏晋墓壁画砖上的烧烤图像

其实，这一点完全没有必要担心！《齐民要术》中就提到了当时烤肉的多种调料，并且在《炙法》篇中详细讲述了二十一种烤肉的方式，包括什么样的肉用什么样的器具和调料配合烤制，简直是一部烤肉文化史。

这件迷你型的烧烤炉大小和一只碗差不多，非常灵巧，便于携带，适合长途跋涉。从这个特征上可以得知，这不是一件居家时使用的烧烤炉，而是按照汉军将士们戍边时随身携带方便实用的目标设计的，反映了汉代工匠高超的设计水准。炉子里的炭火虽然已经熄灭，但当我们在甘肃省博物馆看到它的时候，仍旧能想象到那些离家多年的戍卒们，在寒冬腊月里围坐在一起，靠着炉子里微弱的火光，度过守护边塞的无数个日夜。

根据烧烤炉出土的地点及造型等特征，学术界认为这应该是一件汉代边关将士使用的多功能型烧烤炉。依托这个知识背景，笔者在诗歌的开头营造了一个烤鱼的场景，试图用最简洁的语言，将读者引到两千年前的河西走廊上一个守燧人的身旁。

张掖和酒泉之间是黑河的流域，所以笔者先想象有一条鲈鱼从河里被线网拖出来。因为这件烧烤炉是镂空的，依托鱼的意象，笔者把它想象成"一张由青铜打造的网"，用来烤鱼。黑河在上古史书中称为"弱水"，那么，这条鱼的身体里储存的就是"一瓢弱水"，当水分全部烤干之后，烤鱼就做成了。

烤鱼的时候会用到炭火。在我们的固有印象中，古代河西走廊上最常见的火是用来传递信息的烽火，这种带有军事属性的火代表着战争、死亡、离家、孤寂等意象。但是，在边塞上还会升腾起另外一种烟火，那就是守燧将士做饭的炊烟。在这里，笔者专门用了槐木当燃料，一方面代表着"回"家无望的悲凉，另一方面也塑造了守燧将士之间彼此取暖的温情场面。

  两千年之后，这件烧烤炉终于被文物工作者重新发现。它的身上隐藏着很多历史的关键信息，比如边塞生活、军事、手工业发展、资源利用、动植物等等。从目前的文物保存情况来看，绝大多数都是因为其坚硬的质地才保存了下来，所以笔者才说"历史总喜欢附着在坚硬的事物上"，才能经受时间长河的考验。

  烧烤炉最后被安置在甘肃省博物馆之中，方便"八方来客"参观，而笔者就是其中的一个游客。在观赏这件文物时，它为笔者研究汉代历史提供了很多重要的线索，依托于对它的了解，笔者也写出了这首诗，这一切都是笔者观赏这件文物时品尝出来的"味道"。于是，笔者把自己比喻成一个"七岁的孩子"，因为像孩子喜欢美食一样，笔者对历史一直保持着赤子一般纯粹的喜爱之心。

  是的，只要你发自内心地喜欢这些文物，它们便是这个世界上最好的精神食粮，用来填充我们精神中的辘辘饥肠。

绢底平绣人像

出土地：甘肃省武威市磨嘴子汉墓遗址

出生日期：汉代

居住地：甘肃省博物馆

邢耀龙 摄

简介　　长 7.5 厘米，宽 7.5 厘米。红色绢底用绛色、浅绿、浅黄、黑色丝线平绣二人像，做对话状。绣像并不复杂精巧，应该是平常百姓随手制作。其依照现实人物的外形，用多颜色的绣线将人物进行填充，并以现实生活的环境为背景。

绢底平绣人像

鸡犬相闻，老死不相往来
圣人在讲大道理时
从来不会顾及刍狗的生活①

老子被挡在函谷关前
五千言的《道德经》
成为通关的昂贵筹码

作为征和年间的编户
我的身上一贫如洗
该怎样渡过眼前的难关呢

---

①《道德经》："圣人不仁，以百姓为刍狗。"

诗者说

　　中国的刺绣工艺历史悠久，考古发现最早的刺绣是殷商时期的制品。到了汉代，刺绣的应用更加广泛，以花草瑞兽等装饰图案为多，反映现实生活场景的作品数量极少。这幅绢底平绣人像图是我国现存最早的人物刺绣画，因此极为珍贵。左侧站立着的人物穿着黑色窄袖紧身长袍，戴单梁冠，应该是官吏；右侧站立的人物长发及肩，穿着交领左衽长袍，应该是过路的百姓。两者之间有路卡横于路中，周围立有盾牌和戟戈等武器。

　　根据学者们的研究，普遍认为这件刺绣作品是在描绘出关者接受官兵盘查的景象。先秦时期，由于人烟稀少，没有正式的官道，苏秦、张仪、吴起等士大夫在诸国奔走讨生活，但史书上并未出现收"过路费"的记载。秦并六国之后，从咸阳到各旧诸侯国的都邑都修建了官道，官道上设置了关卡，"过路费"成为限制流动的重要手段。汉代开通了有利于东西方贸易的丝绸之路，关卡的管理制度变得越来越规范且严格，敦煌的悬泉置、玉门关、阳关等遗址就是当时最著名的关卡。关卡除了军事防御的作用之外，也有稽查往来客商的货物和减少违法行为的作用。汉代对关卡的控制是十分严格的，想通过关卡，就要有出入凭证，这一凭证被称作"符传"或者"关传"。有关卡就有官吏，如关令尹、司关、关吏等，收取关税的一部分原因也是要供养他们。即《汉书·武帝纪》中记载的"徙弘农都尉治武关,税出入者以给关吏卒食。"

绢底平绣人像上所织人物纹样再现了汉朝人的形象和日常生活的场景,风格质朴生动,简单明确,对研究我国人物刺绣绘画的起源及汉代戍边屯田都具有非常重要的历史价值。

因为笔者是小人物,所以诗歌中总带着一种对小人物的关注和悲悯。绢底平绣人像描绘的是一位汉代小人物过关的场景,这让笔者首先想到的是历史上最著名的过关人老子,因此,在诗歌的第一节,笔者用老子的名言当作开端。老子想象的理想社会是"鸡犬相闻,老死不相往来",这显然是贵族们不着边际的幻想。当我们回到现实的生活场景中时,你就知道这种生活完全不可能实现,因为一个人生存下去要吃盐、要交换物品等、要求助别人帮忙夯筑院墙,这都不是一个人或一个家庭能完成的。人是社会关系的总和,没有他人的帮助,人根本无法存活。所以,笔者才说"圣人在讲大道理时／从来不会顾及刍狗的生活。"

诗歌的第二节,说过"老死不相往来"的老子也要移动,当他向西而行的时候,就被尹喜挡在了函谷关前。为了通关,他交出了昂贵的过路费——五千言的《道德经》。实践果然是检验真理的唯一标准。

诗歌的第三节,笔者把叙事的主体从老子转移到小人物的身上。在小人物角色的人选上,选择了"征和年间的编户",为什么偏偏选择这个群体呢?因为征和是汉武帝刘彻的第十个年号,到了这个阶段,因为算缗和告缗的经济政策、连年的征战、巫蛊之祸等,导致民不聊生,国家经济到了崩溃的边缘。讽刺的是,征和的寓意却是"言征伐四夷而天下和平",但面对国家的现实,汉武帝也不得不颁布著名的《轮台诏》。所以,征和年间的编户是十分穷苦的。然而,为了筹集对抗匈奴的军费,汉武帝时代的过路费却十分高昂。笔者意图用征和年间的历史现实,反映出史书里的盛世之下,那些小人物的悲苦命运。

四时月令诏条

出土地：甘肃省敦煌市悬泉置遗址
出生日期：汉代
居住地：甘肃简牍博物馆

邢耀龙 摄

简介

《四时月令诏条》由三个部分组成，题记开头说明了朝廷下达诏令的缘由，表明颁布此诏的目的在于让人们的生产生活遵循自然时序。随后，将一年四季十二个月的宜忌逐条列出，上半部分写着"法条"，下半部分对"法条"作出进一步解释。《四时月令诏条》的内容涵盖了保护林木、动物、山河等方面，是目前所见最完整的汉代生态环境保护的法律文书。

四时月令诏条

山,多么巍峨啊!
水,多么流长啊!

在千年的尺度上
人也是一只守旧的夏虫

当白龙堆袭来漫天沙尘时
王莽计划用诏条抵挡

悬泉置的黄土墙上
我在风沙中大声呼喊

大地母亲突然泪流满面
仿佛听到了浪子的叩门声

诗者说

1992年，悬泉置考古工作进入了尾声，就在考古人员清理坞院东北角办公区的时候，发现泥墙的底部有墨书的痕迹，这样的碎泥墙一共有两百多块。当六位文物工作者用半年的时间拼合完成后，《使者和中所督察诏书四时月令五十条》就在墙壁上显露了出来。

所谓"四时月令"，就是春夏秋冬四季每个月份的法令，记录的是一年四季生产、生活中人们需要注意的禁忌和事项。王莽从"四时月令"中选出最重要的五十条内容，是对先秦和秦汉时期"天人合一"思想下人与环境和谐相处经验的总结，从而指导民间社会活动，具有很强的操作性，其中最独特的就是关于生态资源保护的措施。

诏条反映出王莽十分重视植被覆盖率的问题，春季、夏季都是树木生长的季节，因此"大小之木皆不得伐也"。另外，诏条也提出了保护动物的问题，反对竭泽而渔，禁止捕捞过小的鱼苗，并规定了捕捞鱼的标准长度须在汉制四寸（即9.24厘米）以上；与此同时，禁杀陆地上的幼小动物和怀胎动物，对自然资源要"取之有道"等等。

悬泉置把中国第一套官方的"生态环境保护法"书写在了办公室的墙上。虽然这部环境保护法减缓了敦煌自然环境的恶化，但随着敦煌人口的逐渐增加，开垦的屯田超出了绿洲的承载量，最终导致了环境逐渐沙漠化。

《四时月令诏条》是古人的生态环境保护法，所以笔者在诗歌的第一节以生态环境为出发点写起。从一个人的生命长度来看，山河几乎是没有什么变化的，秦岭、黄河、阴山、长江在百年时间段里的变化微乎其微。因此，放在"千年的尺度上"，人宛如《庄子·外篇·秋水》中提到的那只不可语冰的夏虫，在没有现代科学知识的古人眼里，山河从来都是那样的。正是因为认知的局限性，当人类认为自然从来都是固定不变时，贪婪的索取就开始了，因为不知道有冬天的夏虫是从来不会为寒冬准备食物的。

就是因为对山河的无尽索取，自然开始变得脆弱，原来的湿地和草原逐渐沙漠化。悬泉置的一枚木牍上记载"二月中送使者黄君，遇逢大风，马惊折死一匹"，写的是官府派人去执行公务，他在路上突然遭遇风沙，车子被刮坏，马也受惊折死。这是一场发生在两千多年前的沙尘暴，可见当时的环境已经从汉初的水草丰茂变成飞沙伤人了。悬泉置的考古地层中，在地面以下约0.8米、1.2米、1.4米处都发现了厚达1厘米左右的黄沙层。所以专家推测，在汉代，大约每隔五年，此地就会有一场大规模的沙尘暴，也从侧面印证了这条记载。当沙尘暴袭来的时候，人类慌了神，王莽紧急颁布了《使者和中所督察诏书四时月令五十条》，给自然环境的持续恶化踩了一脚刹车。

诏条写在了"悬泉置的黄土墙上"，那些文字好像是突然醒悟的人类对大地母亲的呼喊。既然是呼喊，必然要有回应，笔者特意安排了大地母亲出场。当她听到呼喊时，似乎听到离家远行的"浪子的叩门声"。绿水青山就是金山银山，当孩子终于开始保护人类居住的这个环境时，珍贵的雨水落到了干燥的荒漠上，这是大地母亲流下的喜极而泣的泪水。

木舞俑

出土地：甘肃省武威市磨嘴子汉墓遗址
出生日期：汉代
居住地：甘肃省博物馆

简介　　底宽5.4厘米，高14.5厘米。木俑削制而成，以黑、红色绘五官和衣领、衣缘。木俑做舞状，头发束成高髻，长袖袍服。一只手臂放于胸前，另一只手臂向上平举，而头向右，似看向右上方。木俑彩绘已脱落，雕刻手法简洁生动。

木舞俑

经学的教条刻在石碑上
那是不可逾越的雷霆
礼教不厌其烦地告诉我
要远离靡靡之音
要禁人欲
要修一颗被三纲五常羁系的心

只有在凉州,那些言辞冷峻的说教
很难翻越巍峨的乌鞘岭
和渥洼池的天马一样,我是
祁连山孕育出的另外一个鲜活的生命
历史的野火燎原之后
我在草场之下的暗处,找到
一段凝固的光阴
与匈奴兄弟一起合舞

诗者说

　　武威磨嘴子墓群的年代大约为西汉末期至东汉中期，墓葬中出土的很多木俑，是当时庄园经济生活的写照，更是汉代木雕艺术的代表作。

　　汉代木雕从整体来看，造型都比较简洁，尤其是一些小型的木雕，更是体现出极简的造型特点。这一对木舞俑就是这种极简艺术的经典样本，工匠使用的木料极少，用十分粗犷的刀法在竖形的木板上雕刻出束发的头颅、伸出的手臂和渐次放大的下裳。寥寥几刀就精准地刻画出了汉代人的服饰特点、舞姿和精神面貌，由此可见其纯熟的刀法和精湛的技艺。工匠用这种极简的造型将表现对象的形体简化到了极致，这正是汉代黄老清静无为思想的体现，使整体呈现为一个简洁、单纯的形体，表现出混同于自然的艺术内核。

　　对这样的艺术，贡布里希也在其著作《艺术的故事》中感叹道："中国艺术家不到户外去面对母题坐下来速写，他们竟至用一种参悟和凝神的奇怪方式来学习艺术。"是的，与西方艺术热衷于模仿、再现自然不同，中国艺术有着悠久的写意传统，这在汉代受黄老思想影响之后更加明显。中国艺术没有对景、物写生的传统，而是注重发挥创造性想象的写意精神，就像《周易·系辞》中说的"立象以尽意"，一切"象"都是为了表达"意"而存在的。

　　在我们的印象中，穿着宽袍大袖的古人从来都是正襟危坐，在严苛以至于僵化的封建礼教下，古人很难放肆地大笑和舞蹈，这些都被认为是不合"礼"的。就舞蹈而言，中原人的舞蹈似乎都和"八佾舞"一样，有着固定的套路和节奏，这种情况在董仲舒改造儒学之后变得更加明显。汉代经学长期占有统治地位，在三纲五常的束缚之下，人的自我被深深埋藏。

有趣的是，河西走廊是一块十分特殊的区域。这里距离王朝的统治中心十分遥远，在地理上还有黄河和众多山脉的阻隔，让在这里生活的人们比中原百姓拥有更加自由的灵魂。更重要的是，这里有着草原、雪山、湿地、农田、河流、湖泊等地形，可以容纳各种各样生活方式的人在这里居住。不同的民族在这里聚居，培养了在这片土地上生活的人包容且开放的精神。所以，"那些言辞冷峻的说教／很难翻越巍峨的乌鞘岭。"河西四郡之人在古代中国一直是一群十分独特的人，他们有着不被封建礼教束缚的天性，他们活得鲜活而自由。

当我们明白了这一点，我们才能知道为什么武威市磨嘴子汉墓能出土这种类似于蹦迪式的木舞俑了。汉匈对抗是两汉百余年历史发展的主旋律，河西走廊则是双方竞争的前线和主战场，是这两种文化相互塑造的地方，草原文化宛如春雨一样在祁连山下润物细无声，从而"孕育出另外一个鲜活的生命"。随着历史的演化，汉匈对抗与融合的故事构成了中国历史最热血的篇章之一。所以，笔者就把这一对木舞俑想象成汉族和他的匈奴兄弟在草场上跳舞。在河西走廊的草场上，正是他们彼此之间的对抗和交融，成就了如今生活在这片土地上的我们。

这么看来，这个鲜活的生命就是"中华民族"。

彩绘木舞俑

出土地：甘肃省武威市磨嘴子汉墓遗址
出生日期：汉代
居住地：甘肃省博物馆

邢耀龙 摄

简介

高 16.3 厘米，底宽 6.2 厘米。木俑以黑、红色彩绘五官和衣服领缘，做舞蹈状，束发，身着长袍，一臂放于胸前，另一臂平上伸，头侧向。

彩绘木舞俑

自从卫子夫进入深深的宫闱
很多歌舞女都在等待着贵人的青睐

谈论起那个奇女子时,似乎只有我
对她报以悲悯
女婢、宫人、皇后
她的人生全然被另外一个人随意拨弄
在名义上成为全天下的女主人时
代价是失去外甥、弟弟和儿子

我在幽暗里独舞
并不是在等待武帝的回眸
我举袖、凝望
等待着一个来自历史深处的回应

诗者说

这是一件精妙入神的彩绘木舞俑，工匠快刀雕出舞者的姿态和动势，尤其是将其右臂高高抬起，使原本就十分纤细的舞者比例更加夸张。整体来看，木俑富有曲折变化的形体恰似刚刚破土而出的新芽，具有强大的生命力。汉代木雕俑造型生动、姿态各异，粗犷而不失真朴，简略中暗藏深意，由朴拙见灵奇，寓生动于沉静，充分展示了汉代木雕简约、朴素而又不失灵动的艺术风格。汉代木雕的特点表现为对造型的极度简化处理，制作者以高度概括、凝练的手法进行创作，那些没有精细加工的部分需要观者的想象力进行填充，这是需要观者和工匠合力完成的一件作品，木俑的神韵就在双方的互动中被提炼出来了。

从这件木俑的造型上来看，展现的是汉代经典的长袖舞。以袖作舞是汉代舞蹈中常见的舞态，长袖是舞者手臂的延长，舞者运用手臂的力量将长袖横向甩过头部，在头顶划成一道弧形，从而展现出身体的曲线美。同时期中原地区的汉画像石和画像砖中就为我们展现了汉代舞蹈的风姿，舞者挥动长袖、长巾腾跃翻转的舞态十分丰富，一道道飞动的线条抛向空际，如云如霞，精彩纷呈。长袖、长巾的扬举，裙裾、裙带的飘曳，配合肢体的折曲，充分体现了"翩若惊鸿，婉若游龙"的意境。

如果要讲述汉代歌舞的历史，卫子夫的故事自然是绕不开的话题，虽然史书中记载她是平阳公主府的讴者，但歌舞不分家，她必然也是一位优秀的舞者，从而捕获了汉武帝的心。这位以歌舞出身的皇后对汉代乃至中国历史有着深远的影响，这符合笔者"大历史"史观的叙事习惯，因此诗歌的第一节，笔者就从她的故事开始讲起。

因为汉高祖刘邦的经历，汉代历史中不乏白手起家创建功业的故事，但在女性的世界里，这样的故事却极为稀少，这就让卫子夫的经历显得尤为特别。那些寄居在贵族府邸里的奴隶们在无人关注的角落里兀自凋零的时候，这个女婢一跃成为大汉女主人的故事让她们看到了希望，卫子夫成为了幽暗宫闱里的一颗闪亮的星，照耀着后来的那些在封建社会里突围的女性。

诗歌的第二节，笔者把场景转换到一个舞女的宿舍里。在闭塞的大通铺上，舞女们都幻想着自己能够成为下一个卫子夫，然而，只有"我"并不想成为她。为什么呢？因为"我"读过她的故事，她虽然成为了整个天下的女主人，但她的人生却"全然被另外一个人随意拨弄"，在政治的旋涡中，她从来不是舵手，而是祭品。她失去了自己的外甥霍去病、弟弟卫青、儿子刘据，乃至于自己的清白和性命。他们卫氏一门为了大汉的江山付出了最珍贵的东西，然而，就是因为后世的外戚之祸，他们却被史家钉在佞臣的耻辱柱上。

诗歌的第三节，作为一个歌舞女，"我"也将面临同样的选择。是奔赴远方追逐梦想重要呢？还是与家人在一起平安健康重要呢？这几乎是每一个人都要面对的问题，"我"纠结、彷徨、不知所措，"我在幽暗里独舞"，"我举袖、凝望／等待着一个来自历史深处的回应。"

是的，历史的好处就在这里。因为我们的历史足够悠久且丰富，历史上的那些古人经历过的诸多选择，都将成为我们做选择时的参考答案。当你面对当下手足无措的时候，不妨回头看看，历史总会给你一个回应。

彩绘木雕鸠杖头

出土地：甘肃省武威市磨嘴子汉墓遗址
出生日期：汉代
居住地：武威市博物馆

冯勇 摄

简介　　属于松木杖头上的镶嵌饰物，鸠身以白粉作地，用红、黑二色绘出羽毛，鸠颈后有黑色羽圈多个，翅膀和尾部羽毛舒展略长。鸠鸟横卧杖端，口含食粒，双眼炯炯有神，注视前方，栩栩如生。

彩绘木雕鸠杖头

女娲赐给人双脚的同时
也塑造了与陶器一样的命运
时间宛如窑火灼心
青春是不断蒸发的水分
腿骨僵硬得宛如一件邢窑时
人就逐渐形同草木

老之将至
你需要另外一根木头支撑
我被君王安置于手杖的顶端
一根松木就有了魂
用来比喻消瘦的黔首

不是我咽不下去陈年的粟
而是我的五口之家
正嗷嗷待哺

诗者说

彩绘木雕鸠杖头是汉代十分独特的一种手杖装饰,这种手杖有一个更加霸气的名字,即"王杖"。

你可能会有疑问,难道中国古代君王的权杖就这么寒酸吗?其实,"王杖"在这里的意思并不是君王使用的手杖,而是指这种手杖是由君王赐予的。想要了解它的特殊性,我们还要从与这件文物一同出土的《王杖简》说起。

简中记载了70岁以上的老人被授予王杖,持杖老人拥有的特权是:可以随便出入官府;可以在天子道上行走;在市场上做买卖,可以不收税;打了持着鸠杖的老人就会被判死刑;触犯法律,如果不是首犯,可以不起诉等等。从这些内容上看,手里扶着的这根王杖,不仅仅是"老年卡"那么简单,而是一种特权的象征。皇权对70岁以上的老人开政策绿灯,从制度上引发全社会敬老爱老养老的良好风气,以此推动汉代皇家以孝治天下的礼教秩序。

在我们今天的日常生活中,鸠鸟留下的是"鸠占鹊巢"的坏印象。那么,汉代为什么要选择"鸠"作为王杖的装饰呢?原来,这主要取自鸠的一种进食优点——不噎食。传说鸠为不噎之鸟,老年人噎食是十分危险的,将鸠的形象镶嵌在杖头,是希望老人进食时不噎。

诗歌的第一节从鸠杖的作用讲起。鸠杖的现实作用是帮助老人行动方便，这让笔者想到了女娲造人时的那个场景。女娲用制陶的方法造人，人首蛇身的她为人创造了双腿，用来远行。然而，就是因为造人的方法是泥塑，所以人有着"与陶器一样的命运"，时间等同于窑火，青春则是随着时间"不断蒸发的水分"。陶器会随着窑火的烘烤逐渐僵硬，这就好像老年人逐渐僵硬的双腿一样，白色的腿骨一如洁白如雪的邢窑一样。人一旦到了老年，僵硬的躯体就"形同草木"。

为了支撑僵硬的躯干，老年人需要一根拐杖，这时鸠杖就出场了。鸠杖是君王赐给老人的手杖，用不噎之鸟的鸠象征老人的嗓子，以体现皇帝对老人的敬爱之心。当彩绘木雕鸠杖头是老人的嗓子时，整个鸠杖就是老人的身体。然而，用松木制作的鸠杖是多么细啊，这确实形象地比喻了吃不饱饭的老百姓。

因循笔者小人物历史写作的方法，从王杖的君王视角下，笔者看到的是古代百姓生活艰难的现实。我国在近些年实现了全面建成小康社会的奋斗目标，而基本解决温饱问题仅仅是20世纪80年代的事。所以处于封建社会时期的老百姓过得十分艰难，吃饱饭几乎成了那个时代的奢望。因此，笔者在研究古代历史时，总对古代不知名的小人物抱有一种悲悯之心。立足于历史现实，笔者就把鸠鸟嘴中的那颗食物比喻成"陈年的粟"，鸠是不噎之鸟，但他为什么"咽不下去"呢？就是因为拥有鸠杖的这位老人虽然侥幸活到了七十岁，但他的五口之家还在生存线上挣扎。所以，他不是咽不下去，而是像一只好不容易得到一点粮食的鸠鸟一样，要把它投喂给正嗷嗷待哺的孩子们。

盾牌图壁画砖

出土地：甘肃省张掖市高台县骆驼城苦水口墓葬
出生日期：魏晋
居住地：高台县博物馆

邢耀龙 摄

简介　　画面涂白粉底，以黑红两色绘成三面盾牌。两边盾牌施红色，以墨色点饰，用墨线勾边，中间盾牌施黑色以白色点饰。

盾牌图壁画砖

蒙昧时期
"形"被误认为生命的全部

我原本是一棵生长在春晖里的杨树
为了抵御一根来自北方的腿骨
我被制作成挡在人前的盾

在人组成的世界里
偏见在欲望里打磨得愈加锋利
语言的箭矢一支接着一支

最好的盾
是人

诗者说

东汉末年，形成了魏蜀吴三国鼎立的局面，河西走廊统称为凉州，属于曹魏的领土。经过两汉数百年的发展，河西走廊已经由原来的草原变成了沃野千里的耕田，在以敦煌太守仓慈为代表的良臣治理下，河西走廊的粮食产量大大增加，成为重要的粮食产区。西晋时期，河西走廊成为中原移民主要的集散地，吸收了大量人口资源后，农业经济得到进一步的发展。西晋末期，中原战乱不休，河西相对安定。张骏主政前凉时期，在今天的骆驼城设置了建康郡，成为当时丝绸之路上闻名的商贸城市和军事重镇，彩绘盾牌图壁画砖就出土于此。

盾牌是防御型的军事装备，往往和戈、剑、斧等兵器组合使用。盾的主要用途是将杀伤力加以消耗或偏导，以及作为助攻武器。由于重量问题，历代盾牌都以藤、木或皮盾为主，木、皮盾表面需要涂漆以防潮防腐，延长盾牌的使用寿命。因为涂漆的工艺，人们又开始在漆面上绘制一些用于装饰的精美图案，彩绘盾牌图壁画砖中出现的三面盾牌就是这种装饰艺术的典型代表。

盾牌防护最大的威胁是戈、矛等兵器的直刺，刺的力量足以在攻击点上聚集起高达数百公斤的压力。为了达到更好的防御效果，古人发明了用于近战的双弧形方盾，在盾牌的表面做出一条凸起的纵中线，两侧略微向内，当面对敌方的直刺攻击时，可以有效地分解刺的力量。

彩绘盾牌图壁画砖中的盾牌最具特色的是呈现人的形状，于是，诗歌的第一节以"人形盾牌"的特点展开叙事。在古代，有着"以形补形"的观念，外形的相似或相关性在古人的世界里十分重要，以此产生了像"吃腰子补肾"的食疗方法和针扎稻草人的巫蛊之术。因此，在蒙昧时期，"'形'被误认为生命的全部"。

诗歌的第二节，在"形"的思想启发下，人们开始设计用来抵挡刀剑箭矢的盾牌。人们砍倒一棵杨树，用它制作成一面"挡在人前的盾"，因为树也是一个生命，似乎只有一个生命才能替另外一个生命挡住那些飞来横祸。那么，它抵挡住的为什么是"一根来自北方的腿骨"呢？在草原部落发展的早期，他们的武器制造技术并不发达，因为冶铁和锻造工艺的落后，他们并没有质量过硬的铁箭头，而更多使用的是骨质箭头。巧合的是，制造成箭头的骨头同样来自于另外一个生命，它或许就是用一只山羊的腿骨磨制而成的。箭矢和盾牌的对抗是一根动物腿骨和一棵植物躯干的对抗，是草原与中原的对抗，是一个生命与另外一个生命的对抗。

当我们在盾牌里看到人形的时候，诗歌的第三节就回到了"人组成的世界里"。在人类社会中，最锋利的箭矢就是语言，正所谓"唇枪舌剑"。语言之所以被锻造成箭矢，偏见是最初的材料，欲望是最好的锻炉，在上颚和下颚的开合中，这些箭矢就射向了人。

面对如此锋利的箭矢，该怎样防御呢？其实，"最好的盾／是人。"从逆向来看，人是最好的替罪羊，人们常常把另外一个无辜的人当作盾牌，来阻挡人祸；从正向来看，既然偏见和欲望是箭矢的来源，人就应该用知止和仁义来阻断。面对语言的箭矢，唯一的解决方案就在我们自己手中。

驿使图壁画砖

出土地：甘肃省嘉峪关市新城堡魏晋墓群
出生日期：魏晋
居住地：甘肃省博物馆

简介　　砖长35厘米，宽17厘米。砖上绘一信使，头戴黑帻，着皂缘领袖中衣，左手持棨传文书，跃马疾驰。棨传为通过关卡、驿站时的信物。驿马四蹄腾空，奔驰在戈壁绿洲的道路上。这块写实砖画，在我国邮政史上具有重大意义。

驿使图壁画砖

驿道是这片土地的毛细血管,梗塞
来自于保守和短视

在编户齐民的时代里
我是最赶时间的人

河西走廊
是汉武帝发现的一条大动脉

我哒哒的马蹄
正叩击在盘古的心口上

诗者说

1970年，嘉峪关市新城乡新城村三组的牧羊人张书信和平常一样把羊群赶到城北的荒滩上，看着绵羊兀自在寻找嫩草，他抱着羊鞭安然地卧在一个沙堆上。正在他享受着沙粒传来的太阳余温，撑开双手伸个懒腰时，发现身后的沙堆有一个不大的"无底洞"，新城堡魏晋墓群就这样被发现了。

经过探查，发现在这片近13平方千米的戈壁滩上，分布着魏晋时期的古墓葬1400多座，出土壁画砖700余块，被誉为"世界最大的地下画廊"。在众多壁画砖中，最具代表性的就是《驿使图》。

画面中有一位信使，是1600多年前的一位"快递小哥"，他左手举着木牍文书，右手握着缰绳，驿马四蹄腾空飞驰，看来传送的是一份六百里加急的书信，信使却稳坐马背，反衬出驿马速度的快捷与信使业务的熟练。邮驿作为中国传统通信组织，是现代邮政的前身之一，这幅图生动地再现了当时丝绸之路上驿使驰送文书的情景。

1982年，在中华全国集邮联合会第一次代表大会上，原邮电部选中《驿使图》为图案，专门单独发行J85《中华全国集邮联合会第一次代表大会》纪念小型张一枚，用以纪念这一集邮界的盛事。《驿使图》也成为中国邮政的象征。

中国是世界上最早建立邮驿的国家之一，在庞大的国土上实现了物资和信息的远距离传递，这是国家正常运行的关键。于是，在诗歌的第一节，笔者把古代中原王朝比作一个人，驿道就是遍布在这片土地上的毛细血管，从而实现资源在中央和地方之间的有效传递。然而，如同人老了就会有血管梗塞的情况一样，驿道也常常有不畅通的情况。在东汉时期，中原和西域之间曾发生"三绝三通"的事件，魏晋南北朝时期前往西域的道路也常常因为战争和分裂而中断。东汉之所以不像西汉时期那样对西域重视，就是因为王朝发展到后期就像一个耄耋老人，开始变得"保守和短视"。

在汉代编户齐民的制度下，百姓就像栽种在地里的庄稼一样，一辈子居住在自己的村庄里，很少有移动的机会。因此，在这样的时代里，"我是最赶时间的人"。驿夫的生活与绝大多数人完全不同，常年在驿道上奔波，拥有人们羡慕的移动能力。

这件文物出土于嘉峪关，所以驿夫工作的地点主要在河西走廊上。汉武帝拿下河西走廊的目的是"以通西域"，所以河西走廊是汉武帝发现的连接中原与西域的一条大动脉，地理位置十分重要。

前面的三节是对中央和地方之间交通的陈述，到了诗歌的最后一节，笔者把视角拉回到驿夫的身上。作为一个河西走廊上的"快递员"，他长期在这条大动脉上传递信息，笔者前面已经把国家比喻成一个人了，如果使用一个典故的话，这块土地就是盘古大神变化而成的。盘古已经逝去，河西走廊是他的一条大动脉，从这个视角来看，驿夫不断撞击地面的马蹄仿佛就是自动体外除颤器（AED）。"我哒哒的马蹄／正叩击在盘古的心口上"是为了让这片土地苏醒，驿夫身上流淌的就是中原王朝最新鲜的信息血液，只要驿路正常运转，这个国家就会再次像盘古大神一样，矗立在天地之间。

今天的我们都知道，他激活的那条路就是丝绸之路。

伯牙抚琴壁画砖

出土地：甘肃省张掖市高台县骆驼城遗址
出生日期：魏晋
居住地：高台县博物馆

邢耀龙 摄

简介

伯牙头戴平巾帻，身穿红白相间的交领袍服，跪坐，膝上放了一张古筝（有明显的琴码）。伯牙双手抚拨时，似乎有一阵风从壁画砖的右侧吹来，使伯牙右臂的袖带扬起，长发也御风飞动，飘然欲仙。他双目微闭，正伴着音乐引吭高歌，身侧有一只飞鸟被琴音吸引而来，反衬出伯牙高超的琴技。整个画面用笔奔放，动感十足，线条流畅舒展，体现了魏晋时代中国画的线条艺术。

伯牙抚琴壁画砖

巍巍乎若太山
洋洋乎若江河

我是一块用松木烧制出来的青砖
水分流失之后
孔隙刚好用来储存伯牙的琴声

在没有子期的世界里
伯牙不知疲倦地弹着，试图
从枯骨里得到回应

诗者说

魏晋时代，是士子们从两汉的儒家礼教中突围的时代，是一个自我意识觉醒的时代。三国时代的乱象击垮了原本坚定不移的价值观，皇帝们轮流坐庄，无论是曹家，还是司马家，他们都是通过篡位上台的"乱臣贼子"，在受过正统儒家教育的青年才俊们看来，他们绝不愿意与这些窃国大盗们同流合污。于是，士子们开始走向自己的内心，当他们在山林中放浪形骸的时候，找到与自己能精神共鸣的知己就变得越来越重要。

在古代历史上，文人雅士最推崇的一对好朋友就是伯牙和子期，因此，在魏晋时代出现了很多关于伯牙子期的艺术作品，高台县博物馆馆藏的伯牙抚琴壁画砖就在这个背景下应运而生。

钟子期是春秋战国时期的楚国人，相传他是一个戴斗笠、披蓑衣、背冲担、拿板斧的樵夫，因为常年在大自然中聆听天地的声音，因此有着很高的音乐鉴赏能力。有一年，晋国大夫俞伯牙奉晋国国君之命出使楚国。他乘船到一座高山旁时，突然下起了大雨，伯牙听着淅沥的雨声，看着辽阔的江面被大雨打皱的辽阔景象，顿时琴意大发，坐在船篷下弹起琴来。正当他弹到与雨声同频时，一个不经意的抬头，就看到了他余生的挚友——子期。

此时的伯牙还不知道这个突然闯进自己生命中的人有多重要，他只是警惕地盯着眼前的这个陌生人,因为那人手里有一把斧子。子期连忙拱手向伯牙解释说:"先生,您不要疑心,我是个打柴的,在回家的路上,走到这里听到您在弹琴,此种天籁从未听闻过,所以循声来到这里听了起来。刚才听得入神,因而忘了与先生打招呼。"

此时雨声还未停歇,伯牙邀请子期上船避雨。寒暄过后,伯牙继续弹琴,他目视着眼前的高山抚动琴弦时,子期在旁边赞叹道:"多么巍峨的高山啊!"伯牙心里一惊,又开始转调向江水致意,子期紧跟着称赞道:"多么浩荡的江水啊!"听到这里,伯牙惊喜不已,自己心中有无数丘壑,不足为外人道,通常惯用琴声表达的心意,过去没人能听得懂,但就是这位不识一字的樵夫,竟然听得明明白白。伯牙万万没想到在这里竟然会遇到自己久久寻觅不到的知音,因此对着子期感叹说:"这个世界上能读懂我琴声的,恐怕只有你了吧!"

相逢的日子总是短暂的,子期和伯牙相互介绍了自己,两人在雨中越谈越投机,等雨后分别时,他们相约来年的中秋再到这里相会。

子期听琴图画像砖 高台县博物馆藏

到了第二年的中秋，伯牙如约来到两人相遇的地方，可始终没有等来子期的赴约。他知道，子期绝不是一个失信之人，一定是他出什么事了。伯牙越想越担心，发了疯似的向周边的农户打听子期的下落。原来，子期已在前不久染病去世了。临终前，他留下遗言，要把坟墓修在与伯牙初次见面的地方，方便到八月十五相会时，再听伯牙的琴声。伯牙悲痛万分，来到子期的坟前，为他再次弹奏了第一次相遇时弹奏的《高山流水》。琴声在一声悲鸣中戛然而止，伯牙知道这世上再无人是他的知音了，所以挑断了琴弦，从此不再弹琴。正是因为伯牙子期的故事，直至今天，人们还常用"知音"来形容朋友之间的深厚情谊。

在诗歌的第一节，笔者引用典故当作本诗的开篇。《列子·汤问》记载："伯牙善鼓琴，钟子期善听琴。伯牙琴音志在高山，子期说'巍巍乎若泰山'；琴音意在流水，子期说'洋洋乎若江河'。"像这首古琴曲的名字一样，伯牙和子期的相遇，就仿佛是高山和流水的相遇。

到了诗歌的第二节，墓葬中出土的壁画砖是为亡者准备的。当伯牙在第一节中弹奏出琴声之后，就需要一个装置用来储存声音，以备地下世界的灵魂长久地受到高山流水的洗礼。古代的青砖是由木材烧制出来的，通过炉温的持续烤制，泥砖里的水分逐渐蒸发出来，就在砖块的内部出现了很多细密的孔隙。风拂过孔隙的时候会发出低微的声音，笔者就把这样的声音比喻为储存在孔隙里的伯牙琴声。

为什么会在墓葬里绘制伯牙抚琴的画面呢？原因在于伯牙的琴声。子期曾经赞叹道"巍巍乎若太山"，这里的"太山"一般也指"泰山"。秦汉时期，印度佛教的地狱信仰还没有传到中国，古人就曾把泰山看作是天梯，是灵魂升天的重要通道。《博物志》卷一引《孝经援神契》中就提到了古人对泰山的认识，即"泰山，天帝孙也，主召人魂魄"。

因此，古人在壁画砖上绘制伯牙抚琴，意在引导亡者的灵魂前往泰山，达到升天的目的。

伯牙的琴声是为了子期而弹奏的，河西走廊上这座墓葬的主人却并不是子期，没有音乐鉴赏能力的他自然听不懂伯牙琴声里的高山流水。由此来看，这个引导灵魂升天的设计有着致命的漏洞，墓主人的愿望怕是要落空了。作为一名唯物主义者，笔者在马克思主义思想的指导下，坚定地认为枯骨是没有意识和灵魂的。因此，在诗歌的第三节，笔者用辩证唯物主义的价值观斩断了伯牙与墓主人之间的联系，伯牙几乎要弹破了手指，墓葬中兀自腐烂的枯骨也无法挪动分毫。

这一切，只是因为他不是子期！

食饭举陶奁

出土地：甘肃省酒泉市瓜州县六工古城遗址
出生日期：魏晋时期
居住地：瓜州县博物馆

邢耀龙 摄

简介　　高 13.7 厘米，口径 17.9 厘米，底径 20.9 厘米。器形保存完好，陶奁为灰陶材质，子口，折肩，直壁，平底，在外壁上用墨书写着"食饭举"三个字。

食饭举陶盉

我撑开的肚皮,恰似
凝固的讽刺

赋税像一个勤奋的麦客
只需一刹那
就能割走阿爹家收成的绝大部分

为了能从永业田贫瘠的子宫里
挤出更多口粮
他们终年都在田地上忙碌
只为填充我的胃口

在宏大的正史上
盛世一个接着一个

我撑开的肚皮,恰似
凝固的讽刺

诗者说

食饭举陶瓮出土于六工古城遗址，这座城在两汉时期是宜禾都尉的治所昆仑鄣，隋唐时是瓜州的第二大城市常乐县，是丝绸之路五船道的起点，在中外贸易中扮演着十分重要的角色。它与笔者也有着极其密切的关系，因为笔者就是六工村的村民。

从"食饭举"的墨书可以得知，这件陶瓮主要的功能是用来装饭。在古代，农民们为了节省中午回家吃饭的时间，一般在早晨就做好了午饭，把食物装在陶瓮里带到田地上。到了中午时分，一家人就坐在田埂上一起用餐，莫高窟第23窟的法华经变中就保存着这样的画面。食饭举陶瓮是在墓葬中出土的，作为随葬品，它的功能主要是用来盛谷物，在"事死如事生"的葬俗中，为地下世界的亡者提供口粮。

笔者在瓜州县博物馆调整陈展文物时曾亲手搬运过这件文物。第一次见到它时，觉得其天然拥有一种讽刺的意味，原因在于古代百姓的现实。在食饭举陶瓮所在的魏晋时代，农业技术和生产力十分落后，再加上十分沉重的农业税和各种苛捐杂税，农民虽然是粮食的生产者，但他们通常吃不饱饭，长期处于挨饿的困境之中，这是古代农业社会血淋淋的现实。在这样的背景下，这个巨大的食饭举陶瓮就显得十分讽刺了。

诗歌的第一节，笔者把圆滚滚的陶瓮器壁比喻成农民"撑开的肚皮",当我们了解历史真相后,这件文物"恰似／凝固的讽刺"。陶叟肚子虽然鼓起来,但内部空空如也,罪魁祸首就是沉重的赋税。麦子成熟之后,要立刻从地里收割回来,否则过于成熟的麦粒就会从麦穗上掉下来,为了能争分夺秒地收麦,麦客这个职业就诞生了。麦客的生活像一群候鸟,沿着种植麦子的纬度一路北上,以帮助别人收割麦子为生,属于古代农忙时分聘请的短工。因此,笔者把赋税比喻成"一个勤奋的麦客",麦客收割的粮食原本是属于雇主的,但官府的赋税却不会把这些收成放进农民的谷仓。沉重的苛捐杂税"只需一刹那／就能割走阿爹家收成的绝大部分"。

古代农田的性质一般分为两种,一是国有土地,税收全部上交;一种是私有土地,国家收一定比例的农业税。国家划分给农民的私有土地通常称为"永业田",这是农民生计最重要的来源。所以笔者把永业田比喻成养育百姓的母亲,"为了能从永业田贫瘠的子宫里／挤出更多口粮／他们终年都在田地上忙碌／只为填充我的胃口。"

农民们忙碌了一整年,但他们的肚子如食饭举陶叟一样仍旧空无一物,这是为什么呢?因为沉重的赋税,朝廷把农夫们的收成集中到帝王的手中,才创造了那些我们耳熟能详的盛世。然而,在盛世的表象之下,那些在历史中从未留下名字的小人物,那些在史书里变成一个整数的千千万万的百姓,因为缺少记录,他们的痛苦和饥饿常常被人遗忘。面对这样的历史现实,作为一名长期关注小人物的历史写作者,笔者不禁感叹:"在宏大的正史上／盛世一个接着一个／我撑开的肚皮,恰似／凝固的讽刺。"

八鸟朝阳彩绘藻井砖

出土地：甘肃省金昌市永昌县朱王堡镇下滩村八组征集
出生日期：魏晋
居住地：武威市博物馆

邢耀龙 摄

简介

藻井砖长 38 厘米，宽 35 厘米，厚 5 厘米。砖以白色为底，在砖的最外部先以墨线勾勒出一方形边框，正中以黑红二色绘出圆形井心，井心内为一飞鸟。飞鸟除嘴部涂朱外，通体黑色，其身体较大，双翼舒展，尾羽略张，呈空中飞翔状。井心外为柿蒂纹。柿蒂纹四出呈十字形，花瓣分两层，外层花瓣较大，内层较小，以二色涂染，外层白色，内层朱红色。柿蒂形花瓣内各绘一半圆形，半圆形内绘四瓣花。在柿蒂纹周边还绘有八只向中心疾飞的飞鸟。飞鸟皆长颈，双翅前耸，周边亦装饰有四瓣花。

八鸟朝阳彩绘藻井砖

人类是地下世界的造物主
他们用农具挖出墓室象征"地方"
他们垒砌穹顶象征"天圆"

在这个新宇宙里
我储存着出生时从窑炉里吸食的火气
被恰如其分地镶嵌在最高处
用来扮演盘古的左眼

在三纲五常编织成的世界里
自由这个词一直被视为禁忌
为了安置那些无序的灵魂
我被定义成幽冥宇宙里的第一束光
从而在混沌里建造秩序

诗者说

藻井是古代木质建筑屋顶的一种结构，它通常位于室内的正上方，像一个伞盖一样，使用细密的斗拱承托起来，象征着无边无际的天空，是中国古代"天圆地方"哲学思想的体现。在藻井上，一般都有一些装饰画和浮雕。张衡在《西京赋》中写道"藻井当栋中，交木如井，画以藻文"，因为在这个像天井一样的木构建筑上，一般画上藻类的纹样进行装饰，所以称为"藻井"。

为什么一定要画藻纹呢？因为古代中国建筑一般都是木质结构的，木质结构建筑最怕的就是火，所以，防火是古建筑的刚性需求。但，古代可没有消防警察和消防车，该怎么防火呢？

如果我们到故宫或者寺庙里去，常常会见到大殿的两侧一般都有两口大水缸，这就等于古人的消防车，平常储满水以防备火灾。除此之外，古人还有一种"精神防火法"，那就是在木建筑屋顶的最高处制作出水井一样的结构，同时画上荷花等水生植物。古人认为，有这些的帮助，就可以对作祟的火魔发动精神攻击，护佑建筑物的安全，这就是藻井的来历。河西走廊魏晋墓藻井对敦煌石窟的影响很大，早期石窟的覆斗形结构就是受到墓室形制的启发而营建的。

武威市博物馆馆藏的这件藻井砖与常见的魏晋墓壁画砖有所不同，藻井砖的中央有一只黑色的鸟，我们能明显地看到它的三只鸟爪，因此，这就是中国上古神话中代表太阳的三足金乌。汉代王充在《论衡·说日》中就有"日中有三足乌"的记载，这是古人对太阳活动的观察，太阳表面的气体旋涡，温度较邻近的区域稍低时，在地球上看就是一个黑色的色块，称为太阳黑子，古人就把太阳黑子想象成神鸟三足金乌了。太阳周而复始地升起又降落，这也许是人类认识世界时发现的第一个规律，中国古人就想象出了一棵扶桑神树，有十只太阳神鸟交替值班，这就是《山海经·大荒东经》中所记载的"汤谷上有扶木，一日方至，一日方出，皆载于乌。"

藻井砖上代表太阳的圆形井心外，装饰有独特的柿蒂纹。柿蒂纹，通常也称为"四叶纹"或"四瓣花"，因其花纹的形状分作四瓣像柿子蒂而得名。柿蒂纹是古代常用的装饰图案，除了"事事如意"的谐音之外，柿蒂纹在古人的意识里也象征着宇宙空间，古人把中间的圆形用来代表天空，四瓣或八瓣的柿蒂则是代表方位的四面八方。

柿蒂纹把方砖分成了八个部分，每一个空隙中间都绘制了一朵小花和一只鸟。这些鸟通体为红色，画师用流畅的笔触绘制翅膀和尾巴处的线条，表现出了鸟在飞动时迅疾的速度。八只神鸟从方砖的直角处向中央聚集，使整个画面动感十足。画师运用动物和植物相间布局，通过精心的设计，使整个画面在视觉上呈现出向中心聚拢的态势，因此，我们将这方藻井砖称作"八鸟朝阳"砖。

文物专家们认为，这八只飞鸟应该是神话传说中的朱雀，因为画面中的鸟与《山海经·南山经》中"其状如鸡，五采而文"的形象十分相似。朱雀在古人的世界里一直被认为是祥瑞，《山海经》中就有"见则天下安宁"的记载。在王逸注的《楚辞·惜誓》中也有"朱雀神鸟，为我先导"的说法，所以朱雀被认为是亡灵升天时的引导者，在古代墓室的陪葬品和壁画里就常常出现它的身影。

受道家思想的影响，汉晋时期的人们热衷于追求长生不老或死后升天，渴望死后能够进入西王母所主掌的神仙世界。然而，人们并没有亲眼目睹过仙境，没有地图的亡灵该怎么抵达呢？这是个十分棘手的问题。于是，人们想象出了很多神兽，它们是西王母的使者，用来接引亡者的灵魂前往天国。八鸟朝阳彩绘藻井砖将代表宇宙四方的柿蒂纹装饰于墓顶正中方位，又巧妙地利用柿蒂纹中间的圆形绘制三足金乌表示太阳，周边八只朱雀用来引导亡灵，落英缤纷的四瓣花则是极乐天国的象征，承载着古人对羽化升仙的美好想象。

墓葬位于地平面之下，这是人类营造的灵魂世界，在"事死如事生"的思想指导下，地下世界几乎成为地上世界的倒影，这一切都源自于人的想象力和欲望。因此，在诗歌的开篇，笔者直截了当地指出"人类是地下世界的造物主"。想象的神创造了地上的人类世界，人类也学着神的样子，开始扮演起造物主，从而创造出一个新世界。空间是承载万物的基础，人类是唯一一个挖掘墓室来埋葬亡者的生物，于是，"他们用农具挖出墓室象征'地方'／他们垒砌穹顶象征'天圆'"，从而搭建起一个最基本的宇宙。

在这个新宇宙里，八鸟朝阳彩绘藻井砖是最独特的存在，因为它是墓室里唯一的一块方砖，上面画着三足金乌，代表地下世界的太阳。青砖在制造的过程中需要充分吸收火气，从泥坯变成坚硬的砖头。也许正是因为这些火气，"我""被恰如其分地镶嵌在最高处／用来扮演盘古的左眼（上古神话中，盘古的左眼变成了太阳）"。盘古是创世大神，所以这个意象是指地下世界被人创造的过程，呼应了第一节中"人类是地下世界的造物主"这句话。"左眼"的意象是凝视，这种凝视来自于地上世界里的人，表明墓葬世界全然被人掌控了。

当天圆、地方、太阳等这种物质世界被创造出来之后，古人开始根据地上世界的社会制度来设计地下世界的规则。无规矩不成方圆，地下世界的灵魂第一次抛弃了人的肉身，获得了儒家社会里人类想象不到的自由。然而，"在三纲五常编织成的世界里／自由这个词一直被视为禁忌"，因为无拘无束的生活意味着对儒家礼教社会的摧毁，这是孝子贤孙们无法接受的。秩序在封建社会中一直被视作最重要的事，即使是地下的那个虚无的世界，也要被地面上的秩序规训和设计。《圣经》中说，上帝在第一日创造了光，代表着秩序的开始，在八鸟朝阳彩绘藻井砖上，"我被定义成幽冥宇宙里的第一束光"。

有了光，万物无处遁形，世界上就诞生了秩序。

高善穆石造像塔

出土地：甘肃省酒泉市
出生日期：北凉
居住地：甘肃省博物馆

简介

石塔自上而下，由宝盖、塔刹、塔肩、塔腹、塔基五部分组成。宝盖上刻有北斗七星；塔刹由七层相轮组成，采用印度佛塔的样式；塔肩有八个圆拱龛，七个龛内各雕佛像一尊，另一龛内雕交脚弥勒；塔腹为圆柱形，阴刻经文和发愿文；基座八面分别刻有"八卦"图象，用来表示塔的八个方位，是最早出现八卦的实物资料之一，开创了中国特有的八面佛塔的先河。

高善穆石造像塔

自从不周山被共工撞倒
人类不约而同地建造高塔、阙楼
试图重新抵达极乐之境
我是祁连山下多余的一块补石
在北朝，被雕刻成一个警示

自从世尊离开人世间
北斗七星的斗柄逐渐指向北方
那是凛冬将至的信号
乾坤震巽坎离艮兑
每一个方向上吹来的似乎都是西北风

我是压在你心上的一颗磐石
丝路上的八面来风把我雕刻成一座灯塔
河西走廊是被群山包裹的避风港
流沙之上
停满了大乘和小乘

诗者说

20世纪以来，在河西走廊上相继发现了一批十六国时期的石塔，因为是北凉时期所造，所以统称为"北凉石塔"。目前存世的北凉石塔一共有十四件，高善穆石造像塔是其中的精品。

佛教自印度传入我国，佛塔这种建筑也是随着佛教进入中国的舶来品，在古印度称为"窣堵坡"。佛塔的诞生源自佛陀的涅槃，为了安置"舍利"这种圣物，佛教徒专门设计了一种独特的礼拜建筑，最初的外形是土馒头状的土丘，灵感来自佛钵扣在袈裟上的形状。东汉时期，佛塔随着佛教一同传入中国，并与当时中国本土的建筑相结合，形成了中国的塔。

高善穆石造像塔的塔刹继承了早期佛塔的"覆钵式"，但塔基部位却成了八边形，这是北凉时期对印度佛塔的改造。佛塔的圆柱形塔腹上阴刻有《增一阿含经》的部分经文和发愿文，根据上面"高善穆为父母报恩立此释迦文尼得道塔"的题字，学者们探明了这座佛塔的主人，即高善穆。在经文的最后部分刻有"承玄元年岁在戊辰四月十四日辛亥丙申时休息县摩高宝合家妻共成此塔"，北凉承玄元年为北魏太武帝神䴥（jiā）元年，即公元428年。这一明确的纪年便使之成为了我国最早的佛塔珍贵实物之一。

最值得一提的是，在这座佛塔的塔顶，竟然出现了阴刻的北斗七

高善穆石造像塔拓片

星图案。中国人是最早仰望星空、观察星象的民族之一，在漆黑的夜空里，北斗七星几乎是每一个中国人第一眼就能识别出的星象。古人借北斗七星中斗柄所指方向来确定季节时令，《鹖（hé）冠子·环流》中就有"斗柄东指，天下皆春；斗柄南指，天下皆夏；斗柄西指，天下皆秋；斗柄北指，天下皆冬"的记载。在高善穆石造像塔的塔基上，又出现了八卦的图案。八卦在古代常常用来表示方位，比如乾卦代表西北方、坎卦代表北方、离卦代表南方、震卦代表东方、兑卦代表西方、艮卦代表东北方、巽卦代表东南方、坤卦代表西南方。顺着塔顶北斗七星斗柄所指的方向，正好与塔基的坎卦对应，斗柄指北时，北半球正处在冬季。

看到这里，问题变得复杂了起来，因为这座塔的铭文明明写着

"承玄元年四月"所造，此时正是春季，难道这件精美的北凉石塔竟然是一件残次品？这个问题最初一直困扰着研究者们，直到我们把视线继续上移，看到在塔肩的八个圆拱龛中，雕刻了过去七佛和弥勒菩萨，斗柄所指的方向正是释迦牟尼佛。把释迦牟尼佛和冬季这两个关键词联系起来，这里的"冬季"就不再是指气象上的季节，而可能是造塔之人对于当时社会现象、政治局势和佛教发展状况的悲观态度，因为此时正处于佛陀涅槃之后的无佛时代，也是处于乱世之中的十六国时期。不过，释迦牟尼佛的旁边就是代表未来的弥勒菩萨，因此这里又具有了"冬天已经来了，春天还会远吗"的意味。

北凉是中国佛教石窟开始营建的重要时期，以天梯山、金塔寺、马蹄寺、文殊山等石窟为代表的中国早期石窟群都是在这一时期开凿的。在北凉石塔上，出现了北斗七星和八卦等中国传统文化元素，代表着佛教艺术传入河西走廊之初，古人就已经对其开始了中国化的改造，从而使其成为中国文化的重要组成部分。

佛塔是古代社会中最高的建筑之一，高大建筑在最初都有一个共同的作用，因为它们缩短了人类与天空的距离，因此通常承载着人类前往天界的朴素愿望。从这个意象出发，笔者首先想到的是中国上古神话中的通天神柱不周山。在中国神话中不周山是被共工撞倒的，通天神柱的倒塌让人类和天界再也无法沟通了，因此"人类不约而同地建造高塔、阙楼／试图重新抵达极乐之境。"西方神话中的巴别塔和汉墓中常常出现的阙楼都是这一思想的产物。佛塔这种建筑来源于印度，传到中国之后，也承担起连接的功能，所以才有了李白《夜宿山寺》中"危楼高百尺，手可摘星辰。不敢高声语，恐惊天上人"的诗句。然而，北凉石塔除了连接北斗七星所代表的天界之外，还生出了更丰富的意义。在笔者看来，它是一种"警示"。

北凉石塔的建造就是在警示末法时代。佛教有"正法、像法、末法"的三时观，正法和像法的时间历来有很多说法，其中一个说法是各有五百年。按照释迦牟尼佛入灭之后算起，到高善穆石造像塔完成的公元428年，时间过了将近一千年，正是即将迎来末法的时刻。末法时代是指信仰佛教的人越来越少，佛法被世间的邪说和物欲所淹没，这是佛教世界的严冬。河西走廊冬季盛行西北风，在当时的佛教徒看来，"乾坤震巽坎离艮兑／每一个方向上吹来的似乎都是西北风。"

高善穆石造像塔诞生时，正处于乱世之中的十六国时期，中国北方混战不断，高善穆所生活的北凉王朝位于河西走廊上，它的四周强敌环视，战争接连不断，民不聊生，这正是"严冬"的寓意。虽然身处"严冬"的环境，但高善穆并没有放弃对未来的希望，因为在佛教经典中记载，释迦牟尼佛涅槃的五十六亿七千万年之后，弥勒佛就会降临人间，那将是佛教最美好的一个极乐世界，即弥勒净土。所以，在等待弥勒佛降世的日子里，"我是压在你心上的一颗磐石／丝路上的八面来风把我雕刻成一座灯塔"，用来为末法世界里的人指引方向。既然北凉石塔成了"灯塔"，它所在的河西走廊就是被祁连山、合黎山、龙首山等"包裹的避风港"。佛教分为大乘和小乘，而河西走廊这块包容的土地上保存着中国最早且最重要的石窟群之一，笔者就把它们比喻成到这里避风的驳船。

河西走廊一直以来在中国历史上承担着文明火种罐的作用，佛教、儒学、书法等都在乱世中得以在这里继续传承，从而走向中原。

天梯山菩萨壁画

出土地：甘肃省武威市天梯山石窟
出生日期：北凉
居住地：武威市博物馆

邢耀龙 摄

简介

这是一幅北凉风格的菩萨像，因为时代过于久远，画面破损的地方较多，头部和脚部漫漶不清。从菩萨的姿势来看，这是一尊半跪式的菩萨。

天梯山菩萨壁画

匈奴的后裔也学会了女娲的手艺
我被沮渠氏制作出来
如同渭河边第一个泥偶

我被设计成一个容器,用来承载
河西走廊的性格
东西方涌来的思想

贵霜人创造的艺术
沿着当年逃亡的老路
又回到月氏的故土

历史和文明层累起的地仗层上①
菩提萨埵被创造出来
用来叫醒众生

---

① 壁画的结构由三个部分组成,分别是壁画的支撑结构、地仗层和颜料层。支撑结构就是墙壁或岩壁,地仗层又叫基础层、灰泥层或泥层。在敦煌石窟里,壁画无法直接在粗糙的岩石上作画,因此先要在岩体上抹一层泥作为绘画的基础,这层泥层就是地仗层。

诗者说

天梯山石窟创建于东晋十六国时期的北凉（公元397—439年）。北魏攻灭北凉后，把北凉3万户人迁到首都平城，其中有不少北凉高僧和石窟工匠。后来，凉州高僧昙曜在北魏文成帝的支持下，开凿了著名的云冈石窟，其艺术深受天梯山石窟的影响。云冈石窟是中国早期石窟的样板，因此，天梯山石窟被称为"石窟鼻祖"。[①]

天梯山石窟自北凉开凿之后，北朝至隋唐时期陆续营建，西夏至明清时期仍有重修的现象。经过上千年的营造，天梯山石窟现存洞窟3层，共18个，佛像一百多尊，壁画数百平方米。这幅壁画的内容是天梯山石窟北凉时期的一尊菩萨像，根据残存的画面推测，这应该是位于说法图中佛陀两侧的听法菩萨。菩萨胡跪式坐姿，人物形象的绘画技法均采用了"凹凸晕染法"，尤其是脸部最为突出，在菩萨的眉骨和眼睑上，画家用白色的颜料点染，从而形成了明显的立体效果。从壁画的绘制技法来讲，无论是人物脸面肌肤的用色和晕染，还是表现身体轮廓和衣着褶纹的线描，均达到了极高的技艺水准。

如此精美的菩萨像是由北凉工匠用泥土创作出来的，这种创造神灵的过程等同于女娲造人的过程。因为沮渠氏出身于匈奴，所以笔者

---

① 邢耀龙：《北凉：隋唐文明的第一块拼图》（即将出版）。

在诗歌的开头说"匈奴的后裔也学会了女娲的手艺"。女娲造人是华夏族的神话故事，讲明了华夏族的来历，当笔者把沮渠氏的艺术创作等同于女娲造人时，也代表着沮渠氏同样是华夏族的重要组成部分，这是笔者讲述中华民族形成史的历史观。"我"既然是被沮渠氏用泥土创作出来的，那"我"和"渭河边第一个泥偶"没有什么区别，我们都是一个"容器"。在神话故事中，人是用来承载女娲的形象和"气"的，那么，这尊沮渠氏制作的菩萨又是用来承载什么的呢？

经过对北凉历史的整理，我们知道占领河西走廊的北凉不仅是东西方交流的重要通道，而且北凉文化也是隋唐文明重要的文化来源。所以，笔者认为它是用来承载"河西走廊的性格／东西方涌来的思想"的，其中最重要的就是佛教文化。佛教造像是贵霜人首先创造的，有趣的是，他们原来就是生活在河西走廊上的月氏人。他们在汉朝初年被匈奴击败，逃到中亚地区后很快建立了强大的贵霜帝国，当他们创造了佛教艺术之后，又经过丝绸之路传到了河西走廊，才有了莫高窟、文殊山石窟、马蹄寺石窟和天梯山石窟等艺术。

壁画是画在地仗层上的，这种泥层经过很多道工序，才能制作成用来绘制壁画的泥层。于是，笔者把一层层的泥层比喻成"历史和文明层累"的过程，而菩提萨埵（菩萨的全称）就是在人类文明发展的过程中创造出来的一个形象。佛教文化中常会用到"觉悟"这个词，意思是人被世间的各种表象迷惑，困在各种执念中不能解脱，菩萨则是已经觉悟了的人，他们的职能是帮助别人实现觉悟，把困在人生迷雾中的众生叫醒。

今天的你，有没有被生活困住呢？

飞天

出生日期：北凉

居住地：金塔寺石窟

邢耀龙摄于张掖市博物馆

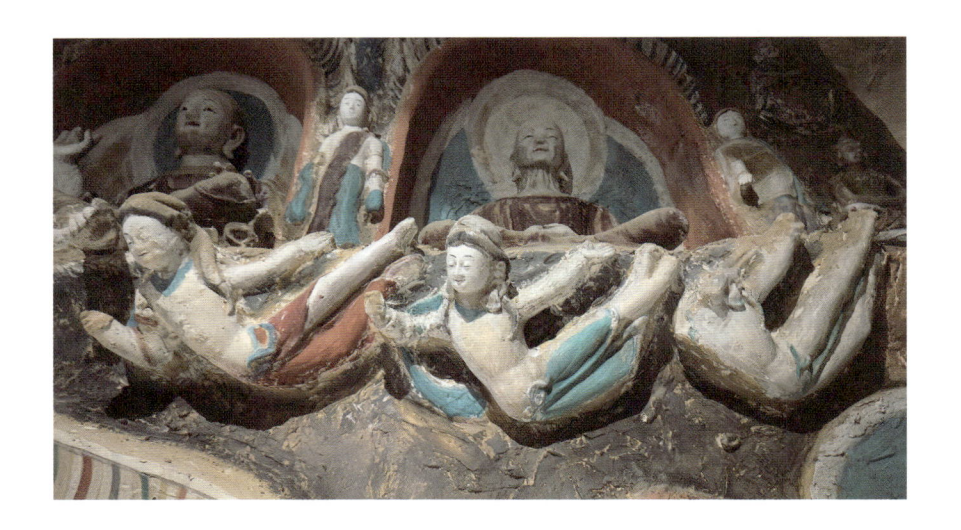

简介　　这是一组北凉时期的飞天，身形并没有后期的柔美，通常呈现出"V"字造型，塑像具有典型的粗、重、厚、简的特征。这个时期的飞天本体一般使用男相，所以有一种粗犷的味道，形象古朴雅拙、憨厚可爱。

飞 天

三岁。自从在鸡窝里捡到一根羽毛
我就渴望飞翔

天空中的鸟,一定是被神眷顾和宠爱着
整日让它们绕在膝前
享受天伦之乐

多年之前
屋檐下的鸟窝中走失的一只燕子
至今还没有回来

金塔寺里
我看见它着装飘逸
在佛前飞舞

自它朝我微微一笑
我就认出它了

诗者说

金塔寺石窟始建于十六国时期的北凉，距今已有 1600 多年的历史，是河西地区最早的石窟之一。目前保存着北凉、北魏、西魏、西夏等历代雕塑和壁画。它不仅仅是中国佛教石窟艺术的鼻祖，也是隋唐儒学的重要发源地，因为它所在的位置就是临松薤谷。

临松薤谷，位于今甘肃省张掖市南部祁连山北麓，临松是山名，它的南部紧临着祁连山的原始松林，因此而得名。这里是北凉国主沮渠蒙逊的故乡，也是十六国时期儒生们避难的桃花源。

河西大儒郭荷逝世之后，郭瑀带着众弟子来到了临松薤谷隐居。《晋书·郭瑀传》中记载他"隐于临松薤谷，凿石窟而居"，这就是金塔寺石窟和马蹄寺石窟的前身，佛教石窟原来最早是儒家的教室。郭瑀逝世后，学生兼女婿的刘昞继续居住在临松薤谷开班教学，经过近百年传承，这里成为当时河西走廊最好的"文科类综合大学"，培养了一大批优秀的儒学生，从小在这里长大的沮渠蒙逊就是其中之一。

在十六国的乱世当中，两汉的儒学几乎被中断，河西走廊成为儒学最重要的一处避难所，是中华文明的"培养基"。经过以郭荷师徒三代为代表的河西学者持续守护儒学的火种，最终在荒凉的河西走廊上创造了"五凉文学"盛况。后来，北魏灭北凉，统一北方，河西儒学回流到中原，成为隋唐儒学的重要来源，成就了中华文明最耀眼的一个时代。

北凉时期的飞天形象是中国飞天艺术的初创时期，是石窟艺术的童年。面对那种朴拙之美，笔者第一次见到它时，有一种莫名的熟悉感。依托于艺术启蒙的童年时代，笔者就把这首诗的开端设定在诗人三岁时见到的一个场景之中。那时候，家里有个巨大的鸡窝，笔者总喜欢在清晨的时候替母亲从鸡窝里摸蛋。有一天，我在鸡窝里捡到一根比鸡毛大很多倍的羽毛，以为是神话里的神鸟掉下来的。和所有孩子幻想的一样，笔者从那时候起就非常渴望飞翔，因此很羡慕天空中的鸟，以为它们"一定是被神眷顾和宠爱着"。紧接着，笔者就想象神应该和爷爷差不多，他喜欢儿孙满堂的天伦之乐，所以天空中的鸟儿应该就是神最喜爱的孩子，整日绕在膝前。而在敦煌壁画里，飞天是佛陀讲法时最常见的形象，他们也常常围绕在佛与菩萨的周围。唯一不同的是，他们是因为古人对这种无拘无束形象的喜爱，才频繁地出现在佛教艺术诞生之后的时代里。

小时候，笔者最熟悉的飞鸟是燕子，当时家里的屋檐下就有一窝，大概是在我十岁左右，那只燕子离开故土，从此就再也没有回来。这里的燕子可以是真实的燕子，也可以是故乡和童年时代丢失的事物，笔者这些年一直在找它，直到多年之后，与它再次相遇。

那是在金塔寺石窟，笔者看到中心塔柱的高处，有一组飞天正在佛龛下飞舞，幽暗的石室里，一个熟悉的微笑猝不及防地被晨曦照亮。在那一刻，笔者知道自己是另外一只离家的燕子，出走多年之后，终于确认了自己的"家"，笔者将把全部的精力都献给这份事业——敦煌学。

世界上最好的职业是你愿把它当成毕生的事业，并且这份事业早就在冥冥之中等待着你与它相遇。笔者已经找到了它，所以希望你也能找到。

东罗马神人纹鎏金银盘

出土地：甘肃省白银市靖远县北滩乡
出生日期：公元 4—6 世纪
居住地：甘肃省博物馆

简介　　银盘直径 31 厘米，高 4.9 厘米，重 3190 克，表面的鎏金，现大部分已脱落。盘内满饰浮雕花纹，分三圈置列。外圈饰相互勾联的葡萄卷草纹，其间栖有小鸟等小动物。中间一圈浮雕希腊奥林匹司十二神的头像，每个头像左侧各有一只动物。盘中央为高浮雕的豹子、手持权杖的酒神。

东罗马神人纹鎏金银盘

水和土
是创世神储存在人体里的两种性格
王权被发明出来的时候
是人开始挤出水分的过程
泥像逐渐僵化、干裂
直至土崩瓦解

我被制作出来的时候
是一个提醒
众神在酒神宴会上陷入迷醉
狄奥尼索斯挤破葡萄
把丢失的水分
还给人

诗者说

　　1988年的夏天,靖远县北滩乡的一户农民正在修建房屋,在挖掘地基时,铁锹碰到了一个硬物。这是一个大盘子。等农户洗去厚厚的泥沙,一件闪着金光的浮雕银盘出现在人们眼前,这就是东罗马神人纹鎏金银盘。它为什么会出现在甘肃呢?要探清这个问题的答案,我们还要从靖远县北滩乡的位置说起。靖远县位于兰州的西北部,地处黄河东岸,是汉唐时期由长安进入河西走廊通往西域的必经地之一,也是渡过黄河的重要集散地,形成了虎豹口、索桥渡、北卜古渡等重要的渡口。正是因为靖远县在古丝绸之路上的重要作用,使这里成为物流中心。据《魏书》记载,东罗马帝国曾三次派遣使者访问北魏王朝,两国之间有着良好的交往历史。

　　根据专家们对这件银盘的研究,认为盘中央高浮雕的倚豹、手执权杖的青年男性是古希腊神话中的酒神狄奥尼索斯。古希腊人热衷于饮酒狂欢,酒神狄奥尼索斯受到了人们的普遍敬奉,据说流行于欧美的"狂欢节"即起源于对狄奥尼索斯的崇拜仪式。因此,在很多宫廷器具上,就出现了狄奥尼索斯的形象。酒神狄奥尼索斯象征着对生命的热爱和对自由的追求,是西方个人主义观念的代表。然而,这件银盘却出土在用儒家礼教束缚的封建社会里,严肃的三纲五常与鎏金银盘主体人物的浪漫形象形成鲜明的对比,这又该如何解释呢?

这又要回到那个特殊的时代了。北魏是鲜卑族建立的政权,这些从草原上呼啸而来的儿郎们自带游牧民族自由的天性,他们的出现为儒家文化秩序森严的伦理社会注入了新鲜的血液,他们自由奔放的精神改变了中国人的生活方式。因此,当象征自由主义的狄奥尼索斯鎏金银盘来到黄河岸边时,就很快被人接受了。

围绕着"自由"这个词,笔者想到了人类文明的两种性格,即一种是象征自由的水,一种是象征专制的土。巧合的是,在世界各国的创世神话中,有很多都讲到了神用泥土造人的故事,这是人类制陶工艺的反映。从诗歌的意象上来看,人类是具有自由和专制两种属性的。所以,在诗歌的开头,笔者用"水和土"进行隐喻,认为这是"创世神储存在人体里的两种性格"。然而,这种"水"和"土"的平衡很快被打破,因为世俗王权被发明出来了。作为君主专制的王权,最畏惧的就是民众的自由,所以发明出各种各样的制度来限制百姓。这个过程就如同不断挤出神灵装在人身体里的"水分","土"的比例越来越高,直到丧失弹性,开始"僵化、干裂／直至土崩瓦解"。

思考到这里,笔者突然想到,喝醉的效果是理性的解体和秩序的崩溃。酒神让封建制度禁锢下的感官世界重新打开,恢复了曾经的敏感性,感知到了理性状态下无法感知到的东西,从而获得一种全新的自由。所以,从这个意义上讲,鎏金银盘是对在儒家礼教中生活着的人的"一个提醒",让人重新去探寻人的本质,从生活中找回那些被挤出的"水分"。为了提醒人类,狄奥尼索斯把所有掌管秩序的"众神"在宴会上灌醉,之后再挤破葡萄,悄悄地"把丢失的水分／还给人"。

今天的我们虽然已摆脱封建礼教的束缚,但新的世界又产生了很多新的秩序和规则,不断地压榨人身体里的水分。面对这件鎏金银盘时,不知你有没有找到补充水分的方法。

麦积山薄肉塑飞天

出土地：甘肃省天水市麦积山石窟
出生日期：北周
居住地：麦积山石窟艺术研究所

吴运杰 摄

简介　　飞天的面部、手脚等肌体裸露部分，均用一层薄泥塑出，凸起在画面上，剩下的画面则全部采用彩绘而成。这是一种将雕塑和绘画进行完美结合的艺术形式，以达到更有立体感的视觉效果。

麦积山薄肉塑飞天

大人物们发出大愿时
总需要有人见证
用麦粒堆起来的七佛阁上
我悬在最高处
散花、舞蹈、奏乐
用来装饰门楣

被凿空的山体
恰似秦人①的窄腹
帝王创造的盛世景象里
他们是史书里的一个数字
是散花楼上一个漫漶的面孔
为了装点太平
挤出浅笑

---
① 因为天水是秦人的崛起之地，历史上常常称这里为秦地或秦州，因此有"秦"的简称。

诗者说

麦积山石窟位于甘肃省天水市麦积区，属于秦岭山系，是小陇山中的一座孤峰，高142米，因为山形特别像农家的麦垛而得名。石窟始建于十六国后秦时期，历经北魏、西魏、北周、隋、唐、五代、宋、元、明、清等十余个王朝，现存窟龛221个，各类造像10632身，壁画979.54平方米。其中以泥塑艺术价值最高，有"东方雕塑陈列馆"的美誉。被列为第一批全国重点文物保护单位和世界文化遗产。与莫高窟、龙门石窟、云冈石窟并称为中国四大石窟。

麦积山石窟受阴湿多雨等自然因素影响，壁画保存较少。壁画主要包括说法、本生、经变、千佛、礼佛等内容。特别是北周时期创作的第4窟"薄肉塑"伎乐飞天，人物面部、手、足等以浅浮塑形式表现，衣裙、飘带、乐器、香花等则绘制而成，将绘、塑技法结合在一起，使整幅壁画呈现出强烈的立体效果，在中国古代绘塑艺术中独树一帜。

石窟营建的过程需要耗费大量的人力和物力，麦积山石窟因为像农家的麦垛而得名，所以笔者就以"麦"这种农作物为出发点开始创作。大型石窟一般都是大家族或大人物以皇帝安康、家族昌盛、官运亨通、天下太平等为目的营建的，用来在百姓的面前彰显自己的品格，所以"大人物们发出大愿时／总需要有人见证"，才有做这件事的意义。然而，开凿石窟的人和钱却取自那些贫苦的围观者，他们被征调和盘剥，只为实现大人物的宏愿，所以麦积山上的石窟分明就是用"麦粒堆起来的"！

薄肉塑飞天位于七佛阁的窟顶。在佛教世界里，与佛陀和菩萨相比，飞天就如同是百姓一样的小人物。在高大的佛讲经说法时，他们"散花、舞蹈、奏乐／用来装饰门楣"。

麦积山的山体因为开凿石窟而被凿空，就像一个人空空的肚皮一样，这样的意象刚好和前文中"用麦粒堆起来的七佛阁"相互呼应了起来。正是为了营建像麦积山一样的建筑，用原本应该进入百姓肚子的麦粒堆起麦积山，才有了"秦人的窄腹"。中国古代历史上有很多盛世，在生产力低下的那个时代里，贫苦的百姓付出了太多，但正史里却没有记录下他们的名字，而是仅仅成为帝王炫耀功业的"一个数字"。在散花楼上的飞天不就是这样的一个角色吗？数量庞大的他们并没有佛陀那样的尊号和事迹，他们被工匠制作出来，只是"为了装点太平"，因此被刻意描绘出了看似幸福的浅笑。然而，他们却生活在动荡的北朝时期，一个"挤"字道出了"神秘微笑"背后的真相。

历史的风云一直没有停歇，那些正史里的小人物和大人物都抵挡不住时间的冲刷，使他们的面孔愈加漫漶。亲爱的读者，请千万不要忘记史书里那些数字背后的一个个鲜活的人，只有我们不断去想象、追溯、阅读、讨论，才能让他们的历史清晰起来。

莫高窟接引佛影塑像

出土地：甘肃省敦煌市莫高窟
出生日期：北周
居住地：敦煌研究院

邢耀龙 摄

简介　　影塑的制作方法是先用泥、细沙、麦秸搅拌成原材料，再用模具翻制，就可以轻松得到一尊佛像。工匠对脱模的塑像进行表面的磨光处理，再敷彩上色，一尊影塑造像就制作完成了。将影塑平整的背面粘贴在墙壁上之后，正面凸起呈高浮雕状，主要用来装饰佛窟，衬托主像造像的气势。

莫高窟接引佛影塑像

极乐世界被创造出来的时候
佛陀洞开了八万四千个法门
用来接引众生

建平公借用佛陀的名义
开放了 1189 张入场券
用来填补那些被刻意制造出来的需求

我的佛影被时间的大手从墙壁上剥离
那些空缺出的席位
正在等待谁

诗者说

莫高窟，坐落于河西走廊西部尽头的敦煌。根据莫高窟第 156 窟中出现的《莫高窟记》的记载，莫高窟的第一个洞窟是乐僔和尚于前秦建元二年（公元 366 年）开凿的，至今已有 1600 多年的历史。莫高窟自十六国开始，经过北凉、北魏、西魏、北周、隋、唐、五代、宋、西夏、元等历代的营建，现存洞窟 735 个，保存壁画 4.5 万多平方米，彩塑 2400 余尊，唐宋木构窟檐 5 座，是中国石窟艺术发展演变的一个缩影，在石窟艺术中享有崇高的历史地位。

这尊接引佛影塑像出土于莫高窟第 428 窟。这座洞窟是莫高窟北朝时期规模最大的洞窟，洞窟的面积是 178.38 平方米，经过笔者同事们的研究，认为这个洞窟的窟主应该就是北周时期任瓜州刺史的建平公于义。为了争取敦煌当地世家大族的支持，于义出资开凿了这个洞窟。洞窟壁画分为上中下三段。上段是天宫中的天宫伎乐，他们载歌载舞，表现出天宫中的美好景象；中段是千佛、佛教故事画及说法图；下段是供养人像。其中，千佛采用影塑的手法，一共 962 身，但因为年代的久远，许多都已经脱落了，这尊接引佛的影塑像原来就位于中段的这个位置。

根据《莫高窟内容总录》得知，莫高窟目前保存下来的影塑数量达到了 1385 身，最早的可以追溯到北魏时期的洞窟，最晚的延续到了唐代，这些存在影塑的洞窟保存了20余个。早期，北朝、隋代的影塑一般都粘贴在洞窟的中心塔柱或者四面墙壁上。唐代，随着洞窟主尊造像技艺日臻成熟和普遍流行，影塑慢慢退出了历史舞台，只在一些洞窟的小型说法图或小型佛龛内有简单的粘贴表现。这些立体感强、色彩丰富的影塑的出现，不仅承托了主尊的圆塑，又增添了洞窟的新气象。成群的影塑有规律的赋彩，使得洞窟氛围显得统一和谐、丰富多彩，是莫高窟彩塑艺术绚烂夺目的一大亮点。

这是一尊影塑接引佛，其在佛教中的功能是接引众生前往极乐世界。因此，在诗歌的开头，笔者就依托这个意象展开叙事。极乐世界是佛教徒想象出来的最美好的世界，为了给信仰者以希望，佛经中记载了前往极乐世界的方法，即只要积德行善和持戒修行，人命将终时就会有佛陀前来接引。所以，这是"被刻意制造出来的需求"。

北周时期，建平公于义被朝廷派到危险的边境城市瓜州担任刺史，为了治理好边疆，他计划借用极乐世界的信仰，来争取当地的豪族和世家的支持。在第428窟中一共画了1189身供养人，是莫高窟中供养人最多的洞窟。这些供养人的画像代表着他们已经进入了佛教世界，他们之所以能在佛窟中出现，是因为"建平公借用佛陀的名义／开放了1189张入场券"。

洞窟内的供养人分为两个部分：中心柱的中部有一圈供养人，除此之外，洞窟的四壁上分布着三排供养人。这种供养人的排列方式与比他们高一点千佛影塑非常相似，佛教讲求人人皆可成佛，那这些墙壁上泥塑的千佛不就是这1189身供养人进入佛教世界的样子吗？然而，千年之后，这些影塑绝大多数都已经剥落了，所以极乐世界空出了很多席位。

那么，这些空缺，正等待着谁呢？

三兔藻井

出土地：甘肃省敦煌市莫高窟
出生日期：隋代
居住地：莫高窟

简介

画家巧妙地将每只兔子的两只耳朵中的一只相互重叠，虽然画面中的三只兔子只有三只耳朵，但无论从哪个角度看，每只兔子都有两只耳朵。三只耳朵组成了一个等边三角形，表现了三兔奔跑时的神态。

三兔藻井

我是世尊的前世
也是李白的酒友
是杜子美的"故乡明"
因为朴素的身色
我被想象成一个容器
用来储存人类磅礴的好奇心

古来圣贤的另一半生命
寄居在我的陨石坑里躲避风霜
在敦煌的洞窟里
我悬在最高处
成为后来者的入口

大地上的孩子们啊！
在夜路上奔跑时
也别忘了抬抬头

诗者说

在莫高窟数百个藻井之中，如果要挑选出一个最独特的藻井图案的话，那一定是"三兔莲花藻井"。这种设计究竟有什么寓意呢？

学者们首先注意到了兔子。在佛经中，兔子的故事是佛本生故事之一，《大唐西域记》中就记载有兔子舍身救人而成神被送到月亮上的故事，所以人们认为兔子是佛陀的象征。另外，这与"月中有兔"的中国神话不谋而合。在汉代画像中，中国已经有了兔子在月中捣药的形象。《隋书·天文志》又说"月为太阴之精"，阴性的兔子与水生植物同时出现在藻井中，是古代建筑"以水克火"的设计。

之后，学者们又关注到了"三"这个数字。在中国传统文化中，"三"有着特殊的寓意。《道德经》中讲"一生二，二生三，三生万物"，三只兔子有往复循环、繁衍生息的含义，所以不仅代表着时间的轮回，还有多子多福的象征。巧合的是，"三"又与佛教涅槃思想吻合，佛教有"过去""现在"和"未来"三世的概念，表达了佛教"轮回"的思想。

"三兔共耳"这种共生图形表现手法在中国历史中十分悠久。共生图案最早出现在原始彩陶中，商周时期的青铜器上也有共生图案，到了汉代，这种共生图案逐渐增多。目前发现的类似图案有战国铜敦盖三兽纹、汉代瓦当三雁纹、西汉银铂三兽纹、汉代三鱼漆耳杯、西汉漆盘三辟邪纹等。这些丰富的案例证明了莫高窟的三兔共耳图案是中国本土原创图案，是由敦煌本地画师在借鉴传统图案基础上创作出来的。敦煌是古丝绸之路的枢纽城市，世界四大文明和三大宗教都曾汇流到这里，于是，敦煌文化也开始沿着丝绸之路传向世界。在伊斯兰圆章模印玻璃、阿富汗的金属盘、伊朗的托盘、科威特的瓷砖画、德国教堂的钟表、英国教堂的玻璃窗上都出现了"三兔共耳"。

三兔藻井的一个最重要的意象是月亮，于是，笔者依托月亮设计了诗歌的开头。因为兔子本生故事，所以"我是世尊的前世"；因为李白曾经在《月下独酌》中"对影成三人"，所以"我是李白的酒友"；因为杜甫在《月夜忆舍弟》中写"月是故乡明"，所以"我是杜子美的'故乡明'"。当月亮是以上这些事物的时候，月亮变成了一个容器。

作为一个容器，高高的月亮最初的作用是"用来储存人类磅礴的好奇心"，满足人对天空的想象。后来，月亮又变成了"古来圣贤的另一半生命"，李白想要见到的那些古人都被他装在月亮里，今天的我们又把李白装进月亮里了。如今，他们正寄居在月亮的陨石坑里，躲避着人类文明传承的雨雪风霜，一旦全人类都丧失了对他们的好奇心，甚至忘记了他们的存在，他们也就彻底消亡了。为了壮大那个世界，总是需要有新人入场，所以"在敦煌的洞窟里／我悬在最高处／成为后来者的入口。"

也许是科学的昌明，让人类了解了月球的真相；也许是在生活里疲于奔命，再没有李白一样的闲暇时光；也许是城市的霓虹太亮，让人很难不迷失方向。"大地上的孩子们"已经很长时间没有抬头看看了，想象力是天界的食粮，那些寄居在陨石坑里的另一半生命也举步维艰，在我们的记忆中愈加模糊。

孩子们啊！请切记，月球可不是月亮！

象牙佛

出土地：甘肃省酒泉市瓜州县榆林窟
出生日期：隋唐时期
居住地：中国国家博物馆

邢耀龙 摄

简介

  象牙佛造像的形状如同一个手掌，高15.9厘米，上宽11.4厘米，下宽14.3厘米，厚3.5厘米。造像分两片扣合，内刻54个不同情节的佛传图，共刻279人，12辆车马，形态各异，栩栩如生。两片合在一起，外形是一尊骑象菩萨，手捧宝塔，袒胸赤足，头发呈波纹状。象背鞍一应俱全，装饰美观。

象牙佛

一个生命的凋零
换来它的降生

一条路开始兴盛
它则迎来流浪的命运

只要时间足够长
异乡也能成为故乡

那些前赴后继的人儿呀
不就是因为它
接踵而至的吗?

诗者说

雍正四年（公元1726年）前后，榆林窟喇嘛吴根栋在清理第5窟的积沙时，在涅槃像头部的角落里发现了著名的象牙佛造像。根据学者们的研究，这件来自于笈多地区的造型，或许是玄奘经过瓜州时为感谢石槃陀等人的帮助而留在瓜州的，而为了安置这件国宝和纪念玄奘取经回国的盛事，初唐的瓜州人就在榆林河畔开凿了榆林窟。

明代嘉峪关封闭，榆林窟被废弃，象牙佛不知所踪。三百余年后，吴根栋发现了它，象牙佛再次成为榆林窟的镇窟之宝，榆林窟从此香火旺盛。然而，吸引来的不仅有信众，还有窃贼。自象牙佛现世之后，为了保护这件国宝，榆林窟的三位守窟道长被杀，笔者在《敦煌艺术的第二巅峰：榆林窟》一书中详细讲述了这个感人肺腑的守护故事。[1]

象牙佛最后传到了榆林窟最后一位守窟道长郭元亨的手上，他在榆林窟守窟半个世纪，经历了马家军的毒打，张大千、于右任也曾询问过，始终没有交出象牙佛。直到安西县城解放之后，他才取出象牙佛，现存于国家博物馆。笔者不仅是榆林窟的后辈守窟人，也是瓜州县玄奘取经博物馆的建设者之一，曾多次捧着象牙佛造像的复制品入藏博物馆陈列，当手掌从文物上拂过时，能分明感受到榆林窟的

---

[1] 邢耀龙：《敦煌艺术的第二巅峰：榆林窟》，西安出版社，2023年8月出版。

那些先辈就站在我的身后，并缓缓地说："孩子，大胆往前走，我看着你呢！"

象牙佛造像的身上附着很多生命，第一个丢失生命的是一头大象。在笈多时期的工匠手里，一头印度大象的死亡，换来的是象牙佛造像的降生。它诞生之后刚好是丝绸之路兴盛的时代，因为佛教传播的需要，它"迎来流浪的命运"。既然这件印度的佛造像出土于榆林窟，一定是由取经的僧人把它带到这里的，它因此成为世界文明交流史的见证。

象牙佛造像虽然出生在印度，但它并没有在印度生活多久，就被带上了丝绸之路，最终来到榆林窟。在榆林窟的洞窟里，它生活了一千三百多年，比在印度生活的时间长得多，所以"只要时间足够长／异乡也能成为故乡"，此时它的故乡就是榆林窟。

此心安处是吾乡，它找到了自己的故乡安居了下来，但它的生活并不平静，只因为它的珍贵。围绕着它，守护、牺牲、贪欲、杀生都在这里上演，"那些前赴后继的人儿呀／不就是因为它／接踵而至的吗？"

然而，这一切欲念都是因为象牙佛而生吗？还是那颗心？

凉州瑞像造像碑

出土地：甘肃省平凉市泾川县
出生日期：公元 698 年
居住地：甘肃省博物馆

邢耀龙 摄

简介

背屏式造像，圆雕，青灰色砂岩质，质地较细腻。通高 92.5 厘米，下有方形高台座，座宽 37 厘米，高 20 厘米。台座上雕竖直、上下均宽的圆弧形顶背屏，作为佛像的通身背光。背屏高 72 厘米、宽 36 厘米、厚 8 厘米～10 厘米，侧面看呈弧形并向后仰。背屏中央高浮雕立佛，高 48 厘米。

凉州瑞像造像碑

我原本像熊、像树、像鸟
像《山海经》中的神兽
也像一块突兀的石头

"瑞像"是我的新名字
有名万物之始
人类才是真正的造物主

我的生命全然被拨弄着
用来注解北朝的破碎
用来证明隋唐的盛景

李氏天子的鲜花在我的脖颈上兀自腐烂
我低下头，正凝视
被我照看着的这个世界

诗者说

　　这座造像碑的主尊是释迦牟尼的立像，薄肉髻，肉髻已经残损，属于磨光髻，无发纹。面圆润饱满，眉毛弯曲，双目下视，眼角微微上翘。鼻头略残，嘴略小，双唇饱满。双耳较大，垂至肩头。颈粗短，阴刻两道蚕纹。头后浅刻圆形头光，头光内残留有朱红色彩，可见原来应该有彩绘。肩宽而平，肩头溜圆。穿偏袒右臂袈裟，整个右臂及右胸袒露。右臂紧贴背屏下垂，右小臂残断。袈裟从左肩斜向右下方紧裹右腋。上身衣纹为阴刻平行线，呈阶梯状。左臂屈肘于胸上部，左手大拇指跷起，余四指紧握沿左臂垂下折叠的衣角。衣缘刻连续波浪状纹。左腿外侧垂下的衣边呈连续弧状。两腿直立，腿部及两腿间衣纹呈U字形。衣裙覆盖脚面，两侧为外侈。双脚并列，脚踩圆形仰莲。头光外侧与背屏边缘之间对称各雕一飞天，飞天高发髻，俯身下冲，一手叉腰，一手前伸举供物，飘带呈环状向上。飞天身体表面残存朱红色颜料。

　　背屏边缘刻成起伏的山峦状，中部两侧各雕两个坐于龛内头戴禅帽禅修的禅僧，背屏上部正中雕一兽面。背面雕刻了两条龙和一个佛龛，佛龛内部是一位禅僧，其余部分刻《般若波罗蜜多心经》，共14行，每行25字，尾题部分文字漫漶不清。

　　台座正面两侧各雕一竖长方形浅龛，龛内各雕一跪坐的供养人，均面向中间，应该就是这座造像碑的主人。左侧龛内的男供养人头戴巾帻，穿圆领窄袖紧身衣，双手端供物。右侧龛内的女供养人高髻，穿交领上衣，肩披披巾，双手于胸前举麈尾。两龛间阴刻铭文，共七行，行五字，下部因表面脱落，个别字残泐，文中有不少武周时期造的新字，铭文内容为："圣历元年□／戊戌弟子□／□（宝）意为七代／父母及法界／众生造圣容／□（像）□□功讫／□太□□□□。"

这方题记非常珍贵，因为它不仅明确记载了这座造像碑的制造时间——圣历元年（公元698年），还告诉了我们这尊佛的身份——圣容像。

圣容像是南北朝时期在凉州出现的一种祥瑞，因此通常被称为"凉州瑞像"，它的产生与著名的高僧刘萨诃有关。刘萨诃是离石县（今山西省吕梁市离石区）人。他从小不怎么识字，为人凶蛮，喜欢打猎杀戮。长大后参军，平日里酗酒成性，有一次喝醉后昏死了七天，人们都以为他死了，这是在他31岁的时候。原来正是因为他常常杀生，观音菩萨为了引导他，带他进入地狱中看看杀生的人经历着什么样的痛苦。刘萨诃在鬼门关走了一遭后，充分认识到了自己的罪孽，梦醒之后，当即选择出家为僧，并遵照观音的训导，开始云游天下，礼拜佛教圣迹。公元435年，刘萨诃云游到了凉州番和县（今甘肃省金昌市永昌县）。他向县城东北方向的御谷山瞭望，觉得这座山是一座圣山，并预言：这座山里有奇异的光芒，是佛光普照，将来这里会有一尊佛像出现。佛像出现时，如果残缺不全，就预示着天下将处于混乱之中，百姓苦不堪言；如佛像完整无缺，就预示着天下太平，国泰民安。

当时人们都以为他又在说梦话，然而，八十五年之后（公元520年）的一天，御谷山一带突然狂风大作，雷电交加，山谷崩裂，悬崖绝壁上竟显现出一尊石佛像，除了没有佛头之外，其他部位完好无损。人们想起了刘萨诃的预言，为了阻止天下大乱，立即为无头大佛雕凿了一个佛头，准备安装在石佛上。但是，当僧人们在白天把佛头安装好之后，当夜又掉了下来，这样试了几次都不能成功。当时正是中国历史上天灾人祸最为横行的南北朝时期，神僧刘萨诃的预言果然应验了！

佛像出现的三十七年后（公元557年），在距离这座山两百里的凉州城东，夜里突然出现五彩光芒，如同白昼。人们前去查看的时候，竟发现是一尊石佛头像在发光，这让人们一下子联想到了御谷山的无头石佛。当人们将石佛头像送到御谷山的时候，发现它竟然与石佛严丝合缝，稳稳地安装到了脖颈上。

为什么这尊佛像能这么灵验呢？抛弃神话的外衣，如果我们走进科学，就会发现凉州瑞像诞生的御谷山位于祁连山的地震带上，北周建德年间佛头跌落事件发生的同时，凉州也发生了接连的地震。例如在《隋书·五行志》中就记载"后周建德二年，凉州地频震。"到了隋唐时代的初期，祁连山地震带进入了稳定期，佛头再没有掉下来过，因此成为隋唐皇家作政治宣传的重要工具，隋文帝、隋炀帝、唐太宗等皇帝曾专门派人前往御谷山举行祭祀活动，隋炀帝在西巡的时候甚至亲自来瞻仰凉州瑞像的圣容。因为皇室的推崇，凉州瑞像的造像艺术也开始盛行开来，这座造像碑就是在这样的背景下诞生的。

作为研究凉州瑞像的学者之一，笔者曾多次到访过甘肃省金昌市永昌县御山圣容寺，看到过这尊凉州瑞像。那是一块微微隆起的不规则山石，最开始是因为先入为主的心理暗示，看起来确实像一尊倚在山上的佛像。后来，笔者带着一批小朋友前往河西走廊游学，等他们看到这尊圣容像的时候，却给了笔者很多精彩的答案。他们有的说像熊，有的说像树，有的说像鸟，丰富的想象力让笔者十分惊叹。面对这么多的答案，笔者突然领悟到"命名"的意义，这个世界上的万事万物本来没有名字，是人类发明了语言和文字之后，才给万物施加了定义。就像这块凉州的石头，它会被不同人的想象力描述成各种东西，但它的本质只不过是"一块突兀的石头"，甚至连"石头"这个词也都是被人定义出来的，因为世界上本来就没有这个词。这块石头是因为一场地震而出生，这样的背景让它拥有了神圣性，因此被人们称为"瑞像"。《道德经》中说"有名万物之始"，万物的名字是人类界定的，所以人类才是真正的造物主。

因为人类是造物主，所以"我的生命全然被拨弄着"。佛头掉落时，"用来注解北朝的破碎"；佛头安稳时，"用来证明隋唐的盛景"。为了能让瑞像保佑王朝的国祚，李氏天子曾经在寺院里举办大型祭祀活动，并把鲜花套在瑞像的脖颈上。千年之后，璀璨的大唐早已成为历史，那些为瑞像命名的人也化为冢间枯骨，似乎石头的寿命比造物主还要长。曾经有无数人怀着各种各样的目的来到它的面前朝圣，转眼间又像山风一样飘忽而过，只有它一直"低下头，正凝视／被我照看着的这个世界"。

彩绘灰陶袒胸胡人俑

出土地：甘肃省庆阳市庆城县穆泰墓
出生日期：唐代
居住地：庆城县博物馆

邢耀龙 摄

简介 陶俑身着胡服，五官突出，高鼻梁，大鼻子，络腮胡须呈铲形，俨然是一副胡人的形象。他将胡服的前襟大胆地敞开，并露出胸部及浑圆的腹部，双目圆睁，神态嗔怒，双手置于身后，似笑非笑，表情诡异。

彩绘灰陶袒胸胡人俑

子不语
怪力乱神

你是一株被天子种在地里的庄稼
低着成熟的头颅
被西风和东风随意拨弄

博望侯凿空的路在隋唐被再一次开通
上元节的花灯
从暗夜之神的手中再次夺回长安城

我在西域的灯轮下奋力表演
黔首则第一次抬起头来
洞见了一个精彩纷呈的世界

诗者说

　　这件胡人俑出土于穆泰墓。穆泰生于唐高宗显庆五年（公元660年），祖籍陇西天水，是唐代著名的关陇贵族。他年少从军，武则天证圣元年（公元695年）官授游击将军、上柱国、庆州洪德镇副将。"庆州洪德镇副将"是他的实际职务，按照唐朝官制只有从七品。"游击将军"不属于实际职务，是朝廷给予官员职级待遇的散官，类似于现代的"行政级别"，是五品武散官。"上柱国"是唐朝最高等的武勋，可以享受正二品的待遇。这两个荣誉称号足以证明穆泰应该在边境立有重大军功，属于特级战斗英雄一样的人物。退休之后，他回到了家乡养老，于公元729年逝世，时年70岁。

　　穆泰的墓室早年曾经过水浸，所以积有少量淤土，随葬品曾两次被盗，盗墓贼带走了墓室里的金银，只留下了不值钱的陶俑。然而，令盗墓贼万万没有想到的是，正是这些他们遗弃不要的老旧陶俑，竟然是中国唐代彩陶艺术的巅峰作品之一。这些彩陶俑身份多样、表情丰富，诸多造型奇特的胡俑在视觉上有别于传统的汉俑，作为唐代中西方文化交流的遗粹，其艺术水平和历史价值极高。透过这一组被观众津津乐道的"大唐表情包"，就能洞见唐代胡汉交融的多元盛世。

　　这件彩绘灰陶袒胸胡人俑究竟是什么职业呢？因为其神秘的造型和诡异的面部表情，一部分学者认为它正在表演神奇而惊悚的幻术。

幻术类似于今天的魔术，在佛教的故乡印度幻术十分流行，这种表演艺术沿着丝绸之路来到中国，到隋唐时期已经成为十分常见的表演形式。在儒家的文化传统中，对幻术持否定态度，认为这些东西会扰乱百姓的心，《论语·述而》中写"子不语怪力乱神"。在儒家理想的社会中，百姓就像"被天子种在地里的庄稼"，一生都低着头在土地上劳作。他们没有移动的权力，只有当朝廷征发民夫的政令传达下来之后，他们才能被官吏们驱使着向前，像一株麦穗，"被西风和东风随意拨弄"。

中国传统的儒家社会因为丝绸之路的开通被改变，从丝路上传过来的文化持续地改造着封建王朝的传统社会，终于在隋唐时代开出了最绚烂的花。最重要的事件发生在大业六年（公元610年），隋炀帝在洛阳举办了上元节灯会（即元宵节），隋炀帝为了营造万国来朝的氛围，邀请了与隋朝有外交关系的各国使臣和酋长。联欢晚会的主会场就在端门外，当时的节目十分丰富，仅端门前的音乐家就有近一万八千人，这是迄今为止世界历史上规模最大的乐团。1400年过去之后，我们已经很难想象那场全民联欢晚会的场景，幸运的是，在莫高窟里却留下了那个时代最珍贵的盛世影像，它就是莫高窟第220窟《药师经变》中的舞乐图。这幅图中出现的西域式灯轮和楼阁式灯楼都是当时举办上元节灯会时使用的，洛阳城在灯光的照耀下成为了一座不夜之城。

在这场上元节联欢晚会中，就出现了精彩的幻术表演。为了体现与民同乐，隋唐时代的上元节专门解除了宵禁，百姓可以在这一晚走出家门观看表演。因此，那些原本被教育低着头的黔首"第一次抬起头来"，只有百姓抬起头，他们才能把这个黯淡无光的社会改造成"一个精彩纷呈的世界"。所以，穆泰墓出土的这些陶俑，重现了往返于东西方之间的胡人风采，是大唐开放包容的一个时代缩影。

无论任何时候，请不要忘记抬抬头。

放妻书

出土地：甘肃省敦煌市莫高窟藏经洞
出生日期：唐代
居住地：英国国家图书馆

莫高窟藏经洞出土文献

简介 敦煌出土的放妻书一共有12件，英国和法国各收藏有5件，其余两件收藏于俄国。

放妻书

昆仑山顶的那团云烟正在聚合
伏羲和女娲交尾之后
契约就开始生效

纲常是后世子孙精心编织的蛛网
直至长大为传统
就能囚禁所有人

我枯黄的躯体是一把柴
用来把凝固的天理解冻
用来让人在暗夜里
重新发现自己

诗者说

在莫高窟藏经洞中，出土了大量的古代文献，涉及古人生活的方方面面。有趣的是，我们竟然在这些文书中发现了古人的离婚协议书，即《放妻书》。截至目前，学者们已发现了放妻书12件，这批放妻书是我国迄今发现的最早的离婚协议书，根据整理卷末的离婚日期，得知年代跨越唐末至北宋年间，大约在公元9世纪至公元11世纪前后。为了能让读者了解行文格式，笔者辑录了藏于英国国家图书馆编号为S.0343号《放妻书》的内容：

某专甲谨立放妻手书
盖说夫妻之缘，恩深义重。论谈共被之因，结誓幽远。凡为夫妻之因，前世三年结缘，始配今生夫妇。若结缘不合，比是怨家，故来相对。妻则一言十口，夫则反目生嫌。似猫鼠相憎，如狼犬一处。既以二心不同，难归一意，快会及诸亲，各迁本道。愿妻娘子相离之后，重梳蝉鬓，美扫娥媚，巧逞窈窕之姿，选娉高官之主，解怨释结，更莫相憎；一别两宽，各生欢喜。
于时年月日谨立手书

通过学者们的研究，发现目前现存的12件《放妻书》有很多相似之处，所以并不是起草人随意书写的，而是像今天的离婚协议书一样有固定的行文格式。开头首先会阐述夫妻之情的重要性和缘分，夫妻之间是"伉俪情深、恩深意重"。其次，描绘理想的夫妻关系，应该是"夫妻相对，恰似鸳鸯，双飞并膝，花颜共坐"等。再次就会讲夫妻两人现实的婚姻状况，也就是离婚的原因。中国人讲"因缘"，所以面对两人婚姻的不幸，认为这是由于两人是"前世怨家"而导致的，到了今世才相遇到一起相互作对，成为冤家。和现代婚姻一样，男方一般会嫌弃自己的老婆话多太烦，敦煌古人也面临着同样的问题，即"妻则一言数口，夫则反目生嫌"，之后两个人就"似猫鼠相憎，如狼犬一处"。面对"二心不同，难归一意"感情破裂的问题，他们最后的决定就是离婚。婚姻不是两个人的事，而是两个家族的事，因此，在离婚的时候要告知亲朋好友，家族中的长辈们同意之后两人各自返回本家。接着，是离别时的祝福和赠言，"愿妻娘子相离之后，重梳蝉鬓，美扫娥媚，巧逞窈窕之姿，选娉高官之主，弄影庭前，美效琴瑟合韵之态"，意思是希望离婚后，娘子可以精心打扮，找到一位更好的夫君，过上琴瑟合韵的好日子。最后是对离婚后两人相处方式的期待，受编户齐民制度的限制，百姓没有认识百里之外的人的机会，所以古代民间一般都是近邻结婚，这就导致离婚后两人也会抬头不见低头见。因此，为了能在分手后和谐相处，双方真诚地希望"解怨释结，更莫相憎"，彼此不再纠缠。

通过对放妻书内容的阅读，我们会惊奇地发现，他们离婚时完全没有现代人常见的恶语相向，而更多的是宽和文雅的文字和善良美好的祝愿，这是古代敦煌人离婚时的体面，是今天的国人应该学习的榜样。

另外，离婚协议书中还有财产分割的内容。按照当时的规则，女方可带回陪嫁物，但不能参加对男方家财的分割。如果没有收入的一方需要扶养，双方可以协商且双方的父母可以参与，扶养可以采取给付"衣粮"的方式，可以一次付清也可以分次给付。这种扶养不是终身制的，只持续一定时间。

自此之后，离婚的两人再无瓜葛，"一别两宽，各生欢喜"。

莫高窟藏经洞出土的《放妻书》是用作离婚样本来参照使用的，体现了民间离婚的实际情形，具有普遍意义。它反映了唐朝婚姻制度的自由，这与前朝的"从一而终"和后代的"饿死事小，失节事大"形成鲜明的对照，体现了唐朝女子在婚姻生活中的主动性。

说到婚姻，笔者立刻想到了中国神话传说中的第一对夫妻，他们就是伏羲和女娲。

据唐代李冗的《独异志》记载："昔宇宙初开之时，有女娲兄妹二人在昆仑山，而天下未有人民。议以为夫妻，又自羞耻。兄即与其妹上昆仑山，兄曰：'天若遣我二人为夫妻，而烟悉合；若不，使烟散。'于是烟即合。其妹即来就兄，乃结草为扇，以障其面。"意思是宇宙初开之时，天地之间只有伏羲

彩绘伏羲女娲绢画
新疆维吾尔自治区博物馆藏

和女娲兄妹两个人，为了人类的繁衍生息，两人商量成为夫妻。然而，这是有悖人伦的事，所以两人登上昆仑山，想通过祭祀来得到上天的指引。他们各自点燃了一个火堆，之后就跪在地上向天祈祷说："如果上天同意我们结成夫妻，就让这两堆火的烟在空中合为一股；如果不同意，就使烟各自消散。"这句话说完之后，这两股烟果然交合成为一股，于是两人结为夫妻，人类自此开始繁衍。伏羲和女娲的故事在古代深入人心，在很多文物中，我们常常能看到伏羲和女娲交尾的形象，新疆阿斯塔那墓中就出土了大量的伏羲女娲交尾图。

  婚姻原本就是关于两个人的契约，但随着儒家社会的发展，夫妻关系逐渐加入了越来越多的其他内容。夫妇关系在儒家思想中被视为"人伦之始"，体现了对家庭和社会秩序的维护。之后，随着封建社会的进一步发展，就产生了"夫为妻纲"的伦理观，这致使婚姻中的女性完全依附于以男性为中心的封建家族中。所以，任何制度，只要"长大为传统"，就会逐渐丧失活性，与不断发展的人类社会相悖，以至于"囚禁所有人"。

  幸好，在古代还有一个名叫"敦煌"的神奇的地方。

  敦煌莫高窟藏经洞出土了12件《放妻书》，反映了唐代人的婚姻状况。这是一个女性第一次且唯一一次当上皇帝的朝代，这是一个女性地位上升的时代，也是一个那些原本被囚禁在三纲五常中的女性有了面对不幸婚姻说"不"的璀璨时代。因此，藏经洞里《放妻书》发黄的纸卷就好像是"一把柴"，用心中那团对幸福生活向往的热火，把那些发明出来的"传统"和"天理"全部点燃，从而让生活在三纲五常社会里的女性，从社会关系中发现一个独立的自己。

木马

出土地：甘肃省酒泉市瓜州县锁阳城墓群
出生日期：唐代
居住地：瓜州县博物馆

邢耀龙 摄

简介　　这件文物原本由马腿、马身、马头三部分组成，因为卯榫结构的损坏，马头和马腿部分已经遗失，现仅存马身部分。从现存部分来看，它有发达的臀部肌肉、浑圆的肚子、流畅的背部脊线和健硕的颈部，体现了马的矫健。河西走廊是古代中原王朝最重要的军马培育基地之一，这匹木马虽然并不完整，但从仅存的马身上就反映出了唐代瓜州地区的军马培育情况。

木 马

作为一棵树
我一生都在羡慕那些能够远行的动物
如果生活确定得像一潭死水
长寿则是最残酷的酷刑

直到我即将刑满释放的那一天
上帝化身成为一个木匠
把我雕刻成一匹马
用来实现那些不着边际的梦

在幽暗的地下世界
我的腿被借去奔跑
我的头被借去思考

只有我再一次被困在原地,身旁
是趴在尘埃里的王侯

诗者说

在墓葬中，常常会出现马的形象，它的作用一般有两种。一种是因为古人"事死如事生"的葬俗，在人类生活的衣食住行四大要素中，马常常代表着墓主人在生前使用的交通工具而出现在墓室中；另一种情况是充当幽冥世界的交通工具。古人认为经过这一世的积累功德，死后就可以抵达道教的天宫或佛教的极乐净土，但前往这些地方的时候需要交通工具，因此就在墓室里安置马的雕塑，以方便墓主人使用。

然而，在古代的敦煌地区，还有第三种意义，那就是象征天马，这和敦煌历史上的一个故事有关。

南阳郡新野县的暴利长因为犯了罪，被官府发配到敦煌屯田种地。有一天，暴利长在渥洼池边休息时，发现了一匹神采奕奕的马，他抓住这匹马之后，编造了马是从渥洼池里跳出来的故事，被汉武帝认为是上天赐予的天马。兴奋的汉武帝还为这匹天马写下著名的《天马歌》，这就是《汉书·武帝纪》中"马生渥洼水中。作《宝鼎》《天马》之歌"的记载。[1] 自此之后，马成为中原王朝最重要的艺术符号之一，甘肃各大博物馆馆藏的大量有关于马的文物就是在这样的背景下诞生的。

---

[1] 邢耀龙：《敦煌大历史》，北京联合出版社，2022年出版。

因为这件文物的材质是木头，所以笔者把一棵为了制作木马而牺牲的树当作诗歌的开端。从一棵树的角度思考，它的一生都待在原地，所以应该十分羡慕那些"能够远行的动物"，因为它们的生活足够丰富，看见过很多风景，也面对过许多挑战。相比较而言，树的生活就太无聊了，因为生活中充满着确定性，宛如"一潭死水"般没有丝毫波澜。更可怕的是，树的生命一般都比动物的生命要长很多年，数百年都被定在一处，承受着重复的每一天，这是"最残酷的酷刑"。

以上，不就是最常见的两种生活状态吗？

终于，这棵树等来了它刑满释放的那一天，即死亡。曾经的这棵不能移动的树被雕刻成"一匹马"，并且是一匹用来载着墓主人的灵魂遨游天际的马。然而，这分明是一个"不着边际的梦"，是一个讽刺。因为树的一生从来都没有学过飞翔，它像皇权统治下的那些百姓一样，被囚禁在土地上。

也许，唯有在那个想象的世界里，它悸动的木心才能幻化成神话里的天马，用来承载墓门外那些子孙的悼词。于是，在地下世界里，"我的腿被借去奔跑／我的头被借去思考。"

最后，"我"只剩下一个残缺的躯体，"再一次被困在原地"。而"我"的身旁，是一堆腐朽的枯骨，是"趴在尘埃里的王侯"。

古今多少事，都付笑谈中。

景教十字纹牌饰

出土地：甘肃省敦煌市莫高窟
出生日期：11 世纪
居住地：敦煌研究院

黑 敏 摄

简介

青铜铸造，直径 6.3 厘米，出土于莫高窟北区 B105 窟。该牌饰以十字架为骨干，十字置于一圆环中央，十字架各端均伸出圆环外。圆环外缘处各有一只鸟喙朝向逆时针方向的鸟头，共四只，其中三只保存完整，另一只略残。圆环及十字架以及鸟头部分均有凹槽，据此分析，原应有镶嵌物，今已无存。十字架的背面中部有两个铸造时留下的乳状突起，应该属于佩戴的徽章。

景教十字纹牌饰

诺亚在方舟上漂泊的时候
白鸽飞向东方

被流沙包裹的莫高窟
是一艘石筑的方舟
它在敦煌的戈壁滩上抛下铁锚后
就过了一千六百年

它有着世界上最多的密隔舱
鲜卑、粟特、吐蕃、回鹘
这些掉进历史长河里的落水者
都被它一一救起

橄榄枝落在窟檐上
我放开咬了三百七十天的牙关
成为上船的最后一位乘客

诗者说

十字架是基督教文化极为重要的标志,作为基督教的一支,创始于公元5世纪的景教于唐太宗贞观九年(公元635年),由叙利亚人阿罗本(Alopen)等传教士经波斯带到长安,并将景教经典译成中文。阿罗本受到唐太宗的亲自接见,并在三年后下令在长安造景教寺院一所,名波斯寺。唐高宗时,景教在中国已经流传开来,很多州县都建有波斯寺,玄宗天宝四年(公元745年),玄宗以景教出自大秦而下诏改波斯寺为大秦寺。唐德宗建中二年(公元781年)正月初七(阳历二月四日礼拜天),为了纪念景教在中原王朝的传播,景教徒聚会于长安,特立大秦景教流行中国碑,碑文用叙利亚文和中文镌刻,详细叙述了景教的历史和传入中国的经过,同时歌颂了唐王朝自太宗至德宗六代皇帝对景教的支持。唐会昌五年(公元845年),大秦景教流行中国碑刻立的64年后,唐武宗灭佛,将景教一并禁绝,从此景教绝迹于中原。

然而,此时景教已经传播到北方草原,契丹和蒙古都有景教传播的记载。与此同时,莫高窟藏经洞还出土过景教经典《尊经》和《大秦景教三威蒙度赞》(P.3847),一般被认为是从叙利亚文本翻译的,译者为8世纪来到中国的景教传教士景净,是研究中国早期基督教的重要资料。

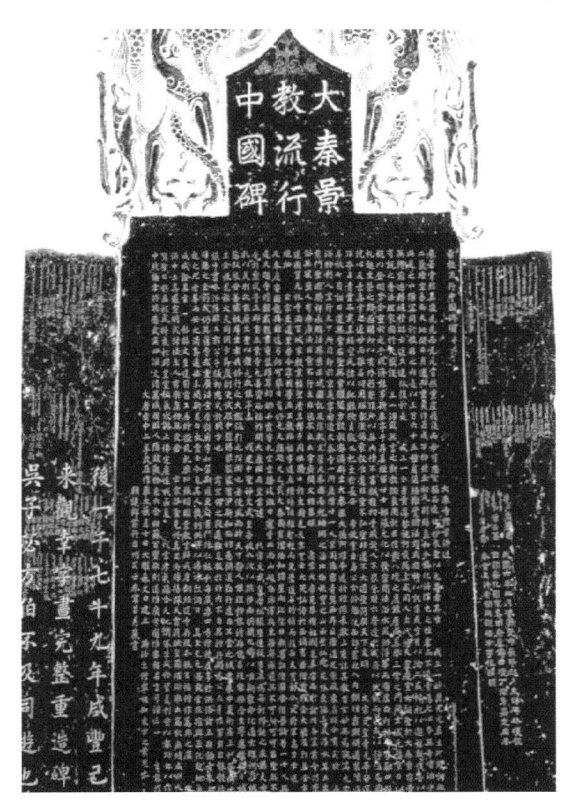

《大秦景教流行中国碑》拓片　西安碑林博物馆藏

那么，莫高窟出土的景教十字纹牌饰的时代是如何确定的呢？

这件牌饰出土于莫高窟北区 B105 窟，与它同时出土的文物中，还有人体骨架一堆（分属于三个个体）及唐宋时期的钱币、铜镯等遗物。根据这些文物判断，这个洞窟应开凿于宋代，是一座"瘗窟"，即传教士的墓室，这件牌饰应该是景教徒的遗物或随葬品。

十字架在我国的很多地方都有出土，但时代主要集中在元代，这是因为蒙古人开放包容的文化政策，使景教也在草原上流传。然而，莫高窟出土的这件十字纹牌饰是宋代时期的，当时的河西走廊属于西夏的版图，在这之前，正史中并没有西夏与西方世界交流的记载。因此，这件十字纹牌饰的出现填补了宋代与西方基督教世界交流的空白，再次印证了敦煌文化的多元性与包容性。

这件十字纹牌饰最独特的是圆环外缘有四只鸟的形象，应该是基督教的圣鸟鸽子，而有关于鸽子的典故，最著名的就是《圣经》中诺亚方舟的故事。

故事讲：创造世界万物的上帝耶和华见到地上充满败坏、强暴和不法的邪恶行为，于是计划用洪水消灭恶人。同时他也发现，人类之中有一位叫作诺亚的好人，于是指示诺亚建造一艘方舟，救护那些善良的生灵。诺亚建好方舟后，将家人和动物们（同一种动物必须是一雄一雌）带上方舟，大洪水果然如期而至。洪水淹没了最高的山，在陆地上的生物全部死亡，只有诺亚一家人与方舟中的生命得以存活。为了寻找可以栖息的陆地，诺亚放出了一只鸽子，等鸽子带回一条橄榄枝时，诺亚知道洪水已经开始散去。诺亚受到鸽子的指引，最后终于找到陆地，与家人和动物们开始了新的生活。

正是受到这个典故的启发，笔者就把莫高窟比作东方的一艘文化方舟。从外形上来看，莫高窟实在是太像一艘船了！它的周边是鸣沙山，这是由五色沙组成的一片海洋，而位于鸣沙山东麓的莫高窟不就是"一艘石筑的方舟"吗？鸣沙山与三危山交汇的地方是一处幽深的山谷，好似天然的避风港，莫高窟停泊在这里，像一艘船"抛下铁锚"，到今天为止，已经有了一千六百年的历史。

一艘远航的海船最重要的设施就是"密隔舱"，即在船身内部用水密舱壁分隔出来的多间独立舱室，是船舱的安全结构设计，除此之外，还能够提供强大的浮力和增加货物的储量。从这一点来看，莫高窟密密麻麻的735个洞窟不就是这艘文化方舟的密隔舱吗？在莫高窟的洞窟里，有着鲜卑、粟特、吐蕃、回鹘等各种文化族群留下的壁画和彩塑，如果历史是一条大河，这些离我们远去的文明不就是"掉进历史长河里的落水者"吗？幸好，我们还有莫高窟，正是古代的敦煌人打造了这座文化方舟，所以才把这些中华文化的重要组成部分"一一救起"，让其成为船上的乘客，安然地居住在莫高窟里。

有趣的是，在莫高窟竟然出土了景教的十字架。在诺亚方舟的故事中，鸽子衔回橄榄枝之后诺亚又把它放了出去，鸽子就再也没有回来。根据这个开放式的结尾，笔者就把鸽子所代表的景教比拟成最后一位上船的乘客。诺亚在船上住了370天，当鸽子衔回橄榄枝时，他终于拥有了希望。但是，这个橄榄枝是从哪里来的呢？巧合的是，在中国早期石窟的装饰纹样里，就有来自于希腊文化中的橄榄叶形象，比如云冈石窟的石柱顶部。因此，笔者在诗歌的开头就写到"白鸽飞向东方"，从而形成东西方文化的互动。

莫高窟是一座储存古代文明的方舟，今天的我们前往敦煌朝圣，是这艘船上的新乘客。亲爱的乘客，作为一名守窟人，欢迎你的到来。

西夏字木印章

出土地：甘肃省敦煌市莫高窟
出生日期：西夏
居住地：敦煌研究院

邢耀龙 摄

简介　　这是一枚西夏单字印章，用阴刻的手法雕刻在长方形的木块上。木块龟裂，还存一些印泥痕迹。

西夏字木印章

为了生存
党项人第一次走出雪山
踏进文明的大池塘里

我是人类发明出来的
储存文明的容器

契丹、女真、吐蕃、蒙古
都争先恐后地
在周秦汉唐的泉眼里取水

为了区分
我们各自捏塑出自己的容器

然后
碰杯畅饮

诗者说

　　1804年，清代著名学者张澍回到家乡武威养病，在游清应寺时，拆开了寺内一座据说封印了魔鬼的碑亭。拆开封砖之后，这里并没有邪祟，而是一块石碑，即《重修凉州护国寺感应塔碑》。碑的一面刻写着汉字，另一面的字连以博学著称的张澍都不认识。根据建碑的年款，张澍得知这块碑是天祐民安五年岁次甲戌十五年戊子建，天祐民安是西夏年号，因此断定这些不认识的文字应该是西夏文。

　　西夏文又名河西字、番文、唐古特文，是西夏仿汉字创制的。西夏文是由西夏开国皇帝李元昊正式称帝前的公元1036年，命大臣野利仁荣创制的，目的是在文化上获得更多的话语权，彰显民族的独特性。因为有汉字作为参考，文字学家野利仁荣用了三年时间完成了西夏文的创造，一共新造了五千余字。西夏文的形体方整，笔画繁冗，当时被称为蕃书或蕃文。整体结构仿汉字，用点、横、竖、撇、捺、拐、拐钩等笔画组字，斜笔较多，特点是没有竖钩。西夏文单纯字非常少，合成字占绝大多数，合成时一般只用一个字的部分，如上部、下部、左部、右部、中部、大部，有时也用一个字的全部。会意合成字和音意合成字分别类似汉字的会意字和形声字，约占总数的百分之八十。部分译音字由其反切上下字的各一部分合成，类似拼音字。象形字和指示字极少。西夏文的书体有楷、行、草、篆，楷书多用于刻印，这件西夏字木印章就是楷书字体。

党项人原本生活在雪域高原，因为吐蕃的崛起，在巨大的军事压力下，党项人不得不在唐代迁徙到中原地区。党项的先民在高原上过着刀耕水耨（nòu）的原始生活，当他们来到中原时，开始学习先进的农业生产技术和文化，文明水平迅速提升。

文明如何才能被传承和壮大呢？聪明的人类发明了文字，这是"储存文明的容器"。当文字发明出来之后，上一代人总结出来的文明成果就可以用文字的形式保存下来，后世的子孙就可以通过对这些文字的学习，从而启发新的创造，人类文明便会在传承和创新中不断积累和提升。

经过"周秦汉唐"数千年的沉淀，汉字里已经储存了十分丰富的文明成果。到了宋代，契丹、女真、吐蕃、蒙古等民族纷纷进入中原，在中原文化的富矿里吸收养分。与此同时，为了保存民族特性，各个民族开始打造独属于自己的文明容器，契丹字、女真字、西夏字、蒙古字等都被创造了出来。

然而，这些都只是文字外形上的区别，它们所记录的仍旧是以儒释道为代表的中华优秀传统文化。生活在中华大地上的民族被传承了数千年的文化成果持续塑造，最终汇入到中华民族的大家庭之中。因此，笔者把中华民族的形成过程比喻成一次家庭聚会，各个民族用独具特色的容器承载璀璨的文明成果，"然后／碰杯畅饮"。

因此，从中华民族共同体形成的过程来看，西夏是极其重要的一环。

玄奘取经图

出土地：甘肃省酒泉市瓜州县榆林窟第3窟
出生日期：西夏
居住地：榆林窟

简介　　玄奘法师以侧面像站立在河岸边，双手合十，指尖朝下礼拜主尊普贤菩萨。身后是他的徒弟石槃陀，他双目圆睁，龇牙咧嘴，随着玄奘双手合十。两人的身侧是一匹白马，马鞍上驮莲花台，台上有装着经文的布包袱，经包周身大放光芒。

玄奘取经图

圣人发出宏愿后
诸神安排了八十一难
用来反衬伟大和不朽

神魔组成的世界里
我被定义成凶恶、不羁、背叛①
用来抵御所有的明枪暗箭
用来牵马、搭桥②
用来维持圣人的体面

石窟的墙壁上,人心浮动
玄奘的头顶散发着圣光
我被夹在人与兽之间
正返祖成猿

---

① 因为石槃陀在越过玉门关之后,并没有跟随玄奘继续取经,因此被很多人曲解为背叛。
② 《大慈恩寺三藏法师传》中描述了石槃陀帮助玄奘渡过葫芦河的那个夜晚,即"去关上流十里许,两岸可阔丈余,傍有胡桐树丛。胡人乃斩木为桥,布草填沙,驱马而过"。

诗者说

　　这幅玄奘取经图保存在榆林窟第3窟中，绘制年代为西夏，比小说《西游记》的诞生早了三百多年。瓜州县是西夏时期的玄奘取经图保存最多的地方，截至目前一共发现了6幅图。之所以会出现这样的现象，主要是因为画面中玄奘身后跟着的那位弟子就是唐代的瓜州人。

　　公元627年，玄奘从长安城出发，开启了取经之路。值得注意的是，此时正是李世民的贞观元年，唐朝皇帝追认老子为自己的先祖，因此以道教为国教，佛教成为被打压的对象。在这样的背景下，历史上的唐僧玄奘与此时的皇帝李世民并不相识，更不是御弟，他是从长安城偷偷跑出来的，是朝廷的通缉犯。

　　玄奘一路西行，来到了唐朝边境瓜州，这里有国门玉门关，关外就是与唐王朝对峙的突厥势力，朝廷为了巩固边防，不允许百姓出关。通缉犯玄奘被困在了瓜州城，形式岌岌可危。幸运的是，玄奘在这里遇上了石槃陀。石槃陀是定居在瓜州的粟特人，因为仰慕玄奘，就在瓜州城外的阿育王寺（今锁阳城塔尔寺遗址）拜玄奘为师，成为玄奘人生中的第一位弟子。粟特人是天生的商业民族，他们往来于东西方交通的大道上，缔造了丝绸之路贸易的繁荣景象。也正是因为从事商业的原因，他们对丝路交通十分熟悉，同时拥有极强的语言天赋和身体素质。石槃陀得知玄奘的取经计划后，毅然相随，帮助玄奘渡过葫芦河、越过玉门关，逃出大唐边境，完成了玄奘取经路上最惊险的一跃。

后来，石槃陀因为担心触犯唐律危及家族，所以在帮助玄奘越过玉门关之后就独自返回瓜州了。虽然石槃陀最终并没有走完全部的取经之路，但他在玄奘人生中十分重要，以至于暮年的玄奘时常想起自己的这位大徒弟，他的另外一位弟子慧立在写《大慈恩寺三藏法师传》时，就将两人的故事记录了下来。

西夏时代，玄奘成为佛教徒崇拜的对象，各个寺院为了证明本寺保存的是真经，开始在寺院的藏经阁里绘制玄奘的形象。这种习惯传到河西走廊时，瓜州人为了纪念同乡石槃陀在玄奘取经时的巨大贡献，就在榆林窟绘制了石槃陀跟随玄奘取经的图像。[1]

宋代是中华民族共同体逐渐形成的重要阶段，宋与辽、西夏、金等民族政权的对话越来越频繁，在以儒学和佛学为代表的文化互动中，各民族开始向同一个文化共同体融合。玄奘作为中国历史上最著名的取经人，他在唐代及以后成为佛教符号化的一个人物，当时天下人普遍认为玄奘从印度带回来的才是真经，南宋和各个政权纷纷参与到抢夺玄奘"IP"的热潮中。南宋认为自己在南渡时把玄奘带回的经典都带到了南方；辽认为自己占据了长安和洛阳，这里都是玄奘译经的圣地，保存了玄奘大量的真经；西夏则拥有玄奘取经时走过的整条河西走廊，还有瓜州石槃陀的故事，所以认为这里的佛教都受到玄奘的真传。

随着南宋和各个政权依托玄奘鼓吹自己是佛教中心的热潮，玄奘的信仰流行起来，玄奘取经的故事也开始从历史进入文学的世界中，《西游记》因此而诞生。当一个地域内的所有人都围绕着一个文化符号开始想象和创作的时候，所有人也就身处在同一个精神世界里，这

---

[1] 邢耀龙：《玄奘和他的时代》，人民出版社，2025年出版。

就是一个新民族的诞生过程。所以，玄奘取经图在整个中华大地上的普遍出现①，代表着中华民族这个共同体在中国人的精神世界里开始孕育，占据甘肃和宁夏地区的西夏就是其中最为神秘且不可缺少的重要一环。

玄奘取经故事是《西游记》创作的原型故事，因此，诗歌的开头笔者以玄奘取经的大愿开始展开叙事。当玄奘开启取经计划后，在《西游记》里，为了彰显玄奘的"伟大和不朽"，天上操纵这一切的神灵和佛菩萨"安排了八十一难"。

但是，这种安排产生了一个极大的矛盾，就是玄奘作为一个人类，没有魔法的他是绝对打不过那些拥有法术的妖魔鬼怪的。面对这个难题，作家只能增强玄奘的法力，但问题是，如果玄奘拥有了高超的法力之后，妖魔鬼怪则会变成可以轻易打败的土鸡瓦狗，玄奘取经的难度就大大降低了，也就无法显现出圣僧的伟大了。唯一的解决方案就是有一位神通广大的弟子替他面对那些五花八门的魔法攻击，才能让玄奘这个普通人在神魔世界中活下来，从而完成取经任务。在众多陪伴玄奘取经的人之中，人们选择了瓜州胡人石槃陀。于是，"神魔组成的世界里／我被定义成凶恶、不羁、背叛／用来抵御所有的明枪暗箭／用来牵马、搭桥。"中国传统观念中，圣人不能骂人、打架、杀鸡、吐口水，那样被认为有辱斯文，当这些粗活被石槃陀演化成的孙悟空承担之后，才能"维持圣人的体面"。

为了塑造圣僧的伟岸形象，石槃陀必须拥有法力，在这样的创作心理下，孙悟空就在石槃陀的形象里开始孕育。在榆林窟的墙壁上，

---

① 陕西子长钟山石窟、重庆大足石刻、山西青龙寺、杭州飞来峰石刻等地都出现了玄奘取经的绘画或雕塑作品。

"玄奘的头顶散发着圣光",但石槃陀却被画在了玄奘和白马的中间,站在人和兽的中间,俨然是一副尖嘴猴腮的猴行者形象,似乎走向达尔文进化论的反面,"正返祖成猿"。其实,那些在史书上留下来的面孔,大多都经过人心的涂改和剪辑,所以"石窟的墙壁上,人心浮动",作为后世读者,我们应该具有分辨的能力。

我们每个人都在历史的洪流中被裹挟着向前,那么,你期待在未来留下一张怎样的历史面孔呢?

莲花形玻璃托盏

出土地：甘肃省定西市漳县汪世显家族墓
出生日期：元代
居住地：甘肃省博物馆

简介

盏高 4.9 厘米，口径 8.9 厘米，底径 3.4 厘米；盏托高 1.2 厘米，口径 15.2 厘米。玻璃托盏为蓝色玻璃制成，半透明，胎内含气泡。盏为七瓣莲花形，饼形足。托口为平口，边沿呈八瓣莲花形，平底，腹壁呈正八角形。托盏造型优美，色彩艳丽，工艺精良，是迄今出土最完整的一套元代玻璃托盏。

莲花形玻璃托盏

蒙古人宽大的手掌
从文明之河里捧出最多的沙
流动无形的我
被时间之火一次次烤制
直到淬炼出明澈的心

浑浊的污泥里隐藏着养分
我是从焦土里生出来的一朵青莲
是沙悟净失手打落人间的盏
我目送着第一杯变清的浊酒
流入华夏的腹中

诗者说

在榆林窟守窟时，笔者通过画师刘世福确定了敦煌石窟中的第一个元代标准窟是榆林窟第4窟，这是敦煌晚期石窟研究的重大发现。刘世福来自于巩昌府（今定西市陇西县），为了进一步研究甘肃东部地区与敦煌的互动关系，笔者返回故乡定西市，开始探寻巩昌府的历史，第一站来到的就是位于漳县城南徐家坪的汪世显家族墓。

汪世显，字仲明，巩昌府盐川县（今甘肃省定西市漳县）人，金末名将。他原本是金朝的便宜总帅，拥有当时秦巩地区最强大的武装势力。金元交替之际，陇右处在金、西夏、宋、蒙古角逐的战争旋涡之中，生灵涂炭，民不聊生。公元1235年，面对蒙古大军的围困，在皇子阔端保证"仁武不杀，能保全阖城军民"的前提下，汪世显被迫出降，率军归附了蒙古，使陇右地区避免了一场更大的浩劫。

此后，汪氏家族对秦陇二十四城的统治得到蒙古贵族的认可，汪世显父子在元朝统一全国的战争中立下赫赫战功，足迹遍及陕西、甘肃、青海、四川及云南等广阔地域。蒙古皇室十分倚重汪氏家族，他们的战功也换得了寻常汉臣难以企及的高官显爵。从汪世显到其曾孙五代，贯穿元朝始终，"为官者一百八十余人，其中王者三，公者十"，即著名的"三王十国公"，足见其家世之显赫。

汪世显家族墓占地面积约3万平方米，1972年以来，甘肃省、漳县等文化主管部门组织有关人员先后发掘清理墓葬17座。元代统治者实行"薄葬"的墓葬制度,元代大型墓很少,汪氏墓群是我国目前发现的最大的元代家族墓群,是元明政治军事、经济文化、社会习俗、建筑技术以及多民族融合的实证。墓中出土了大量贵族"奢侈品",这件莲花形玻璃托盏就于1999年出土于汪世显的孙子汪惟贤墓中。

莲花形玻璃托盏仿若一朵盛开的蓝莲花,因此通常被称为"蓝莲盏"。盏是古人喝茶的器具,因此这件蓝莲盏最早被认为是茶器。然而,蓝莲盏的平底盘深度仅有1厘米,没有圆座和高足,更没有平台,这些特征都与宋元时期的茶具台盏和托盏不符。另外,元代玻璃制品的耐热度无法承受沸水冲茶,同时没有防烫的功能,所以从形制和材质来看,把它作为酒器更符合实际。

在古代中国,玻璃制造业一直落后于西方,这使得玻璃制品成为十分稀有且珍贵的器物,是贵族们才能用得起的奢侈品。我国玻璃制造业的长期落后,主要原因是中西方饮食习惯的区别。中国人喜欢吃热食,所以餐具主要以耐高温且导热性慢的陶器或瓷器为主,因此才有了中国登峰造极的瓷器艺术。与之相反的是,西方人喜欢吃冷食,因此餐具主要使用金银器和玻璃器,经过技术的积累和创新,就有了支撑现代科学发展的玻璃制造技术。正是这个原因,造成了中西方在制造业发展方向上的不同。

根据学者们的研究,认为这件蓝莲盏采用铸模法成型,盏与托盘都有明显气泡,颜色的纯净度较低。这种并不纯熟的玻璃制造技术应该出自中国本土的制造工艺。至元十五年(公元1278年),元朝宫廷设置了"瓘玉局",专为皇家制造玻璃产品,这件蓝莲盏很有可能是皇帝赏赐给汪氏家族的。

元帝国有着极其辽阔的地理版图,促进了国家内部各个地区的文化和技术的交流。这件蓝莲盏在色彩和工艺上都借鉴了西方玻璃艺术的成果，同时又是佛教题材的中国传统造型，是东西方文化、技术交流的产物。它的出土地甘肃省定西市漳县，北接河西走廊，南临四川盆地，西部是青藏高原，东部又是古代中国政治的核心关中地区，是古丝绸之路的交通要冲。因此，蓝莲盏的出土反映了元代中西方交流的盛况。

制造玻璃的主要原料是沙子，而佛教文化中常用恒河之沙比喻文化的结晶，因此，笔者就想到了用玻璃制造的过程来讲述蒙古文明汇入华夏文明的过程。如果文明是一条河流，因为蒙古人的征伐，他们占有了当时世界上最大的一块土地，同时也遇上了最多的文明族群。草原上的儿郎们有着天生的包容之心，他们以开放的姿态接受了很多悠久的文化和宗教。在常人的印象中，强大的蒙古人有着雄健的体魄，所以他们也应该有一双"宽大的手掌"，能"从文明之河里捧出最多的沙"。沙子本来是"流动无形"的，经过高温加热，就会逐渐熔化形成均匀的玻璃液，冷却之后就得到了透明的玻璃。这个过程就像原始的人类族群，在时间的长河里经过战争、灾害、学习、创造之后，从而孕育出成熟的文明一样。

然而，它又是一朵莲的样子，莲子藏身于"浑浊的污泥"，但它从来不被污泥困住，它只是在混沌里吸取养分，从而在水面上绽放。文明不就是从混乱、黑暗、战争的焦土上"生出来的一朵青莲"吗？

根据目前的研究来看，这件蓝莲盏是用来饮酒的。那它是用来喝什么酒的呢？笔者完全能够确定，它一定是白酒。因为在笔者守护的榆林窟第3窟之中就出现了最早的蒸馏酿酒器，这个洞窟开凿于西夏晚期，距今八百年左右，证明了中国悠久的白酒制作历史。到了元代，白酒已经十分普及，为了品鉴白酒的品质，就需要晶莹剔透的酒具，玻璃器自然成为最理想的选择。当清冽的白酒倒进这件蓝莲盏,皎洁的月光再从杯中穿过时,幽兰色的光落在地板上,宛如"沙悟净失手打落人间的盏"。

"一壶浊酒喜相逢。"因为酿造工艺的不同,西夏之前的古人饮用的是发酵酒,因此比较浑浊。所以,这件元代的蓝莲盏盛的蒸馏酒可是中国最早的白酒,当汪家人把它一饮而尽时,就宛如蒙古文化汇流进中华文明的样子。

天梯山石窟坐佛造像

出土地：甘肃省武威市天梯山石窟

出生日期：元代

居住地：武威市博物馆

邢耀龙 摄

简介　　坐佛穿右袒式佛衣，结跏趺坐，双手结禅定印，可惜头部残损不见。从颈部的破损处，可看出木骨泥塑的制作工艺，泥塑的色彩几乎尽失，仅在颈部残存上彩痕迹。

天梯山石窟坐佛造像

失去脚、失去手、失去臂膀
这都没什么要紧的

无非是把土还给了尘土
把木头还给森林
把草还给大地

也无非是，白费了凉州匠人的一滴汗水
辜负了僧人的一番好意
打碎了白日梦

就算连头颅，我也要失去
直到黑洞洞的空里
露出"空"来

诗者说

  这尊坐佛制作于元代，受到藏传佛教的影响，塑像的造型上出现了明显的青藏高原艺术风格。天梯山石窟之所以出现这类造像，主要是因为发生在公元1247年的那场著名的"凉州会盟"。

  蒙古人占领河西走廊之后，这里成为窝阔台大汗之子阔端的封地。阔端是蒙古大军西路军的统帅，公元1239年秋，他派多达那波出征青藏高原。虽然蒙古大军战力强悍，但自进入青藏高原以来受到了武装僧人强烈的反抗。多达那波仔细分析了青藏高原的局势，这里高山阻隔、气候恶劣，人民排外情绪严重，靠军事征服很难取得胜利。在青藏高原驻留的两年多里，多达那波对当地的宗教、军事、经济等各方面进行了详细的调查，认为蒙古可以通过宗教手段和平接收青藏高原。

  多达那波就青藏高原的情况给阔端写了一封《请示迎谁为宜的祥禀》（即《青藏地区和平解放的可行性报告》），他在这份报告中说明了萨迦派在青藏高原的影响力，推荐吐蕃地方政教首领萨迦班智达去凉州进行和平会谈。

  公元1244年秋，阔端向萨迦班智达发出正式邀请。为了雪域的安宁，63岁高龄的萨迦班智达带着10岁的八思巴和6岁的恰那多吉这两个侄子前往凉州。三年后，阔端与萨迦班智达在凉州举行会谈。

  最后，双方达成共识，阔端拜萨迦班智达为师，皈依佛教，萨迦班智达则承认青藏高原成为蒙古帝国的一部分。为了让雪域的人民知道这次会盟的结果，他写了《萨迦班智达致蕃人书》。这是中国历史上非常重要的一份文件，标志着西藏结束了400多年的分裂局面。从此，中央政府对西藏正式行使行政管辖权。

萨迦班智达在凉州圆寂后，八思巴成为萨迦派新的掌舵人，继续在凉州传法。后来，忽必烈拜八思巴为师。在元朝开国之初，八思巴成为全国宗教领袖，使藏传佛教在汉地传播开来。

笔者第一次见到这尊天梯山石窟坐佛造像时，就被它深深地震撼了。武威市博物馆的灯光设计得极好，在幽暗的灯光中，坐佛似乎是猛然从黑暗中幻化出来的一般，而它空空如也的头部更是让笔者全身凛然。笔者蹲着拍照时，有一个瞬间，坐佛背后的玻璃展柜里一尊佛头的倒影映衬在坐佛残损的颈部，那一刻，它好似复归于刚刚被制造出来一样完整。

因为它头颅的失去，诗歌的开头笔者就以"失去"为关键词展开叙事。在佛教中，最著名的一次"失去"就是佛陀的涅槃，他丢弃了躯体，不再用一个具体的人的形体来与人相处，而是以一种"法"的方式存在于万物之间。所以，对于佛陀而言，"失去脚、失去手、失去臂膀／这都没什么要紧的。"塑像是木骨泥塑的制作工艺，如果失去了这些，无非是把泥塑的土"还给了尘土"，把用来支撑的木头的骨架"还给森林"，把绑在木头上增加稳定性和粘性的草"还给大地"。

塑像的制作过程一般是僧人负责规划和构思，匠人负责制作。所以当这尊塑像失去以上的部件之后，无非是"白费了凉州匠人的一滴汗水"，无非是"辜负了僧人的一番好意"，无非是打碎了雇主想要前往极乐世界的"白日梦"。

为了彻底丢掉这个容器，"就算连头颅，我也要失去"。当一切都失去之后，就是空无一物的状态，于是，禅师们才能破掉空的执念，从空的现象中，悟出"空"的道理。

那么你，悟空了吗？

莫高窟六字真言碑

出土地：甘肃省敦煌市莫高窟
出生日期：元代
居住地：敦煌研究院

简介

  碑高75厘米，宽55厘米，上刻"莫高窟"三字。碑中央阴刻四臂观音坐像，周遭三方都有两列刻文：上方第一列为梵文，第二列为藏文；左方为汉文，内为西夏文；右方为回鹘文，内为八思巴文。这六种文字都与汉字"唵嘛呢叭咪吽"同音，即佛教的六字真言，因此被称为"六字真言碑"。

莫高窟六字真言碑

盘古平躺下来的时候
我是他平整的胸膛
吐蕃、回鹘、蒙古、党项
奔跑了几个世纪的孩子终于迎来困意
安卧在一起

高原、西域、草原、中原
这是他们捡拾的拼图
历史仿佛是乐傅手中的凿
承载华夏族的土地，终于
被雕刻成一块方碑

诗者说

莫高窟六字真言碑究竟是为了什么而雕刻的呢？

六字真言的两侧和下方，分别是功德主、官员、僧人的题名，立碑的时间和石匠、尼姑的名字等。此碑立于元至正八年（公元1348年）五月十五日，是当时镇守沙州的速来蛮西宁王及其妃子、太子、公主、驸马等布施，由工匠奢蓝令梅刊刻的，距今已经有了600多年的历史。

速来蛮是铁木真第四子拖雷的八世孙，他于至顺元年（公元1330年）被敕封为西宁王，至元五年（公元1339年）到至正四年（公元1344年）为波斯义阑克第十六汗。其后，他返回汉地时驻镇沙州，并率家人、官员、僧尼、百姓等在莫高窟重修了经火焚后的皇庆寺。

在六字真言碑上用汉文一共刻有82人的名字，绝大多数是西宁王速来蛮治下的官员或豪族。通过对哈喇阳、昆都思、逆立鬼、迭立迷失等名字的分析，可以得知这些供养人中有蒙古、汉、党项、回鹘、粟特等民族的人。因此，这通碑的意义重大，这既说明了元朝统治者重视藏传佛教的程度，多种文字的并行也代表着多民族在这里的聚居和文化交融。敦煌的蒙、汉、藏、西夏、维吾尔等民族以佛教文化为纽带，多民族文化在这里长期共存，相互影响和融汇，从而创造了丰富的敦煌文化。与此同时，各民族在元朝的统治下，进入了一个统一的文化语境，中华民族作为一个民族共同体，已经在莫高窟的残碑上初见雏形。①

依托于笔者在《敦煌大历史》一书中对这件文物"实证中华民族共同体"的定位，在诗歌的开头，笔者便用中华民族生活着的这块土地来展开叙事。在上古神话中，盘古是创造这片土地的神灵，在盘古的身体上，最平整的就是胸膛，因此笔者就把六字真言碑比作盘古平躺下来的样子。当把碑比喻成大地时，诗歌的格局一下子变得开阔，那些在碑上出现的"吐蕃、回鹘、蒙古、党项"等民族的名字不就是大地母亲的孩子吗？如今他们平躺在石碑上，是因为他们的时代已经成为历史，就像"奔跑了几个世纪的孩子终于迎来困意"，一起安卧在母亲的身旁。

有趣的是，石碑上的这些民族刚好来自不同的地方，汉人来自中原、藏族人来自雪域、回鹘人来自西域、蒙古人来自草原。这四块土地是构成中国的四大地理单元，恰似这些孩子们"捡拾的拼图"，最后拼成一个完整的国家。令人振奋的是，这块石碑诞生于敦煌，它所在的这条河西走廊刚好就是"高原、西域、草原、中原"这四个地理单元的中间结合部。因此，笔者就把历史比喻成在莫高窟开凿了第一个洞窟的"乐僔手中的凿"，保存着古代各个民族人物壁画的莫高窟就是被精雕细琢的"一块方碑"，中华民族这个共同体就在这里逐渐显现。

---

① 邢耀龙：《敦煌大历史》，北京联合出版社，2022年出版。

嘉峪关长城工牌

出土地：甘肃省嘉峪关市嘉峪关
出生日期：明代
居住地：嘉峪关长城博物馆

邢耀龙 摄

简介

　　工牌呈长方形，长19厘米，宽11.5厘米，厚2厘米，为青石质地。工牌分为正反两面，两面阴刻文字，字体为楷书，正面有"第一工起"较大字样，右侧刻有"加（嘉）靖十九年七月初一日起初十日止第一工"稍小字样。背面上部刻有"蔡止梅起"4个大字，下面竖刻32个小字，分别为"一工李清队起　二工梅喜队　三工王元队　四工侯勋队　五工位宗队　六工张昙队止"。

嘉峪关长城工牌

为了遮挡草原上旋起的西北风
我被征调到讨赖河边 ①
用来将长城打造成一把大锯
在最窄处，把河西走廊
锯成两截

伟大的河西走廊啊！
你是华夏的喉管
嘉靖十九年
我把黑山雕刻成一根鱼刺
用来卡住你的咽喉

同时卡住的
还有大明的进取之心

---

① 北大河是河西走廊内陆河黑河水系最大支流，其上游称讨赖河，发源于祁连山脉。讨赖河与黑山在嘉峪关形成夹角之势，构成了嘉峪关"边陲锁钥"的要害，是绝佳的临水设险之地，著名的长城第一墩就位于讨赖河边。

诗者说

嘉峪关是明代万里长城西端的起点，素有"天下第一雄关"的美称。明洪武五年（公元1372年），明太祖朱元璋为消除元朝残余势力对西北边境的侵扰，派冯胜西征，在副将傅友德七战七捷的战绩下，河西走廊被纳入明王朝的管辖之内。为了防御蒙古的袭扰，冯胜决定在河西走廊的最窄处修建一座关隘，嘉峪关因此而诞生。

那么，嘉峪关是哪些人建成的，又是如何修筑的呢？

1975年，考古工作者在嘉峪关关城到石关峡段长城的城墙顶部夯土中，发现一块石刻工牌，这是四百多年前的嘉峪关施工队放置在这里的。工牌上写明了施工的起止日期、督建官员和施工队领队的名字等信息。从工牌记载的内容可以看出，当年修筑长城时，工程采用分工段逐级承包方式修筑，即把工程分为几个大工段，每一大工段又分为若干小工段，每个小工段由一个施工队承建。完工之后，工牌被夯入城墙。督造官员要对工程进行逐一验收，此时的工牌成了跟踪工程质量和追查责任的直接凭证，如果城墙出现质量问题，将按照工牌上记载的内容追究施工队的责任。

甘肃长城文化遗产十分丰富，境内历代长城总长度3774.3千米，其中明长城1738.3千米，居全国之首，秦、汉等朝代长城2036千米，居全国第二。如此丰厚的长城文化遗产都是由工牌上记载的这些小人物夯筑而成。今天，横亘在中华大地上的万里长城就是这些小人物最伟大的杰作，成为了中华民族的精神象征。

长城工牌上出现的这些人之所以汇聚到嘉峪关，是为了修筑长城抵御草原上的蒙古人，因此"为了遮挡草原上旋起的西北风／我被征调到讨赖河边／用来将长城打造成一把大锯。"这里的"大锯"是比喻，长城最显著的特点就是有高高低低的垛口，像是一把锯子一样。如果位于河西走廊最窄处的嘉峪关长城是一把大锯，那它就把河西走廊"锯成两截"。关内的一截是武威、张掖、酒泉，关外的一截是敦煌，古老的敦煌自汉武帝建立敦煌郡之后，第一次被抛弃在关外了。①

河西走廊实在是太重要了，它是汉武帝"张国臂掖"的战略要地，它是中原王朝最早的对西方开放的地区，它是"华夏的喉管"。然而，工牌上的工人们在嘉靖十九年（公元1540年）被调到嘉峪关修筑长城，横亘在河西走廊最窄处的黑山就像是"一根鱼刺"。几乎在明王朝封闭嘉峪关的同时，麦哲伦船队完成环球航行，欧洲开启了大航海时代，资本主义开始迅速发展，从而促使工业革命爆发，欧洲实力在短时间内超过了亚洲，中西方的历史从这里开始走向各自的道路。

从此以后，在蒙昧中醒来的西方国家纷纷打开国门，拼凑成的小帆船在全球的海面上往来如织，地理大发现的新视野带领着他们走出中世纪沉沉的黑暗，步入了文艺复兴和资产阶级革命的新时代。与此同时，封建皇权即将迎来顶峰的中国，却关闭了嘉峪关这座号称"天下第一雄关"的国门，开始沉浸在天朝上国的美梦中无法自拔。

每一个人的身体里都隐藏着一根鱼刺，这需要你对着镜子并露出咽喉，才能发现它。

---

① 这就是在莫高窟看不到明代壁画的原因。

榆林窟"庄严法界"匾

出土地：甘肃省酒泉市瓜州县榆林窟
出生日期：清代
居住地：榆林窟

简介　　"庄严法界"匾现保存在榆林窟四合院院门的门楣上，匾额名用行楷字体书写。在匾首写了进献者的籍贯和名字，匾尾则是献匾的具体时间。

榆林窟"庄严法界"匾

杨坚随手种下的一株苗
千年之后
成长为一棵参天的大树

我原本是这棵树健硕的部分
被截取、劈砍、抛光
最后雕刻成一个惨淡的句号

辛丑那一年
华夏大地上的成材被付之一炬
我多年前落下的种子安卧在灰烬里
等待春江水暖

诗者说

"庄严法界"匾是玉门县昌马镇住户李天义在光绪辛丑年夷则月捐献的。他之所以进献这块匾，原因是他的三个侄子分别成了文生、武生和拔贡生，因此就带着侄子前来还愿。

清代，凡是经过本省各级考试取入府、州、县学的文武童生，被称为文生或武生，也就是通常所讲的文秀才和武秀才。李天义的侄子李得炜成了文生，李善述成了武生，李氏一门文武秀才齐备，这确实羡煞旁人。更值得自豪的是侄子李善继成了拔贡生，这可是由甘肃学政直接选拔的最优秀的生员，贡举到国子监成为太学生的。这样的成绩确实令李天义喜出望外，为了感谢神仙保佑，就进献了这块匾额。

但是，现实却给自豪的李天义泼了一盆凉水，原因则来自于这块匾额上的时间"光绪辛丑年夷则月"。夷则，是古代乐律学名词，即用三分损益法将一个八度分为十二个不完全相同的半音，从低到高依次为：黄钟、大吕、太簇、夹钟、姑洗、仲吕、蕤宾、林钟、夷则、南吕、无射、应钟。至《吕氏春秋》开始，人们将乐律与日历相合，以十二律对应十二个月份，夷则月就是农历七月。所以，这块匾额是1901年农历七月进献的。不幸的是，清政府在1905年正式宣布："自丙午（公元1906年）科为始，所有乡、会试一律停止，各省岁、科考试亦即停止。"至此，中国历史上的科举制度最终结束。此时，身为文生、武生和拔贡生的三位玉门青年迎来了他们一生中最郁闷的时刻，十几年的寒窗苦读顷刻间变得毫无意义，不知他们后来又经历着怎样的人生。

与李天义一同进入至暗时刻的还有整个中国，因为就在那一年的9月7日，清政府与八国联军签订了《辛丑条约》，中国完全沦为半殖民地半封建社会。1901年9月7日就是辛丑年七月二十五日，正是"庄严法界"匾进献的夷则月，中国即将面临千年未有之巨变。

榆林窟庄严法界匾的诞生与科举有关，科举制度是中国古代最重要的制度发明之一，它的发明者一般被认为是杨坚，于是，笔者就从科举制度的诞生开始讲起。中国俗语中常说"十年树木、百年树人"，因此，笔者就把科举制度比喻成"杨坚随手种下的一株苗"，或许就连它的缔造者也没有想到，科举制度在千年之后正成长为一棵参天的大树。

"庄严法界"匾被制造出来的1901年，是清王朝的末期，也是科举制度这棵大树发展到最顶峰的时期。科举几乎是当时学生们唯一的上升通道，这个有着上千年的制度，任谁也不会想到将在五年后宣布废除，朝廷发明了留学选才制度，买不起海外留学船票的科举考生再也没有任何出路了。回到李天义的时间线上，此时的科举"原本是这棵树健硕的部分"，为了庆祝侄子们在科举考试中的胜利，他把这棵树"截取、劈砍、抛光"，制作成一块纪念荣耀的匾。然而，他不知道的是，这块匾最后竟然被雕刻成科举制度的"一个惨淡的句号"。

就在"辛丑那一年/华夏大地上的成材被付之一炬"，被付之一炬的，不仅包括科举制度和学子们的努力，还有八国联军侵华时焚烧的文化遗产。辛丑之后，中国完全沦为半殖民地半封建社会，宛如一场大火，将清王朝烧得遍地灰烬。然而，这又是一个中国历史发生重大变革的时期，新中国的种子正安卧在这片灰烬里，"等待春江水暖"。

文物列表

彩绘符号陶片 甘肃省博物馆	距今 8170—7370 年前	研究文字的起源
人头形器口彩陶瓶 甘肃省博物馆	距今 5500 年前	母系社会与生育崇拜
鲵鱼纹彩陶瓶 甘肃省博物馆	距今 5200 年前	图腾崇拜与龙的起源
红陶人面像 甘肃省博物馆	距今 5200 年前	人类对自我的认识
旋纹尖底彩陶瓶 甘肃省博物馆	公元前 3000—前 2700 年	酒的诞生
圆圈网格纹鸟形彩陶壶 甘肃省博物馆	公元前 2700—前 2300 年	宗教的产生和天人观念
变体神人纹彩陶瓮 甘肃省博物馆	公元前 2300—前 2000 年	宗教的产生与生育崇拜
镶骨珠骨簪 甘肃省博物馆	距今 4000 年前	装饰艺术的产生
折线纹桶状彩陶杯 甘肃省博物馆	距今 4000 年前	抽象艺术的产生
三狗钮盖彩陶方鼎 甘肃省博物馆	距今 3900—3400 年前	动物的驯化

人形彩陶罐 甘肃省文物考古研究所	距今 3900—3400 年前	河西走廊上的草原文明
人头鋬钩戟 甘肃省博物馆	西周	鬼方部落与商周战争
人面柄首铜匕 甘肃省博物馆	距今 2800—2400 年前	青铜器制造工艺
青铜麋鹿 甘肃省博物馆	战国—西汉	月氏历史与贵霜帝国
青铜镂空双驼饰牌 甘肃省博物馆	战国—西汉	丝绸之路贸易
云纹错银承弓器 天水市博物馆	战国	秦国的故地
鸷鸟形金饰片 甘肃省博物馆	战国	秦国的崛起
两诏铜权 甘肃省博物馆	秦代	秦朝的统一制度
铜奔马 甘肃省博物馆	汉代	汉代的马文化
苣 甘肃简牍博物馆	汉代	汉朝的烽燧系统
木转射 甘肃简牍博物馆	汉代	汉代边境的军事防御
悬泉置简 甘肃简牍博物馆	汉代	悬泉置遗址

"白马作"毛笔 甘肃省博物馆	汉代	中国书法的历史
木羊群 甘肃省博物馆	汉代	河西走廊上的民族演变
令毋余酒简 甘肃简牍博物馆	汉代	汉代丝绸之路的交通
马厩图木版画 甘肃简牍博物馆	汉代	汉代的驿站
铜马刷 甘肃省博物馆	汉代	汉代的军马管理和培育
驱驴急行砖 张掖市博物馆	汉代	丝绸之路交通运输真相
黄羊夹子 甘肃简牍博物馆	汉代	河西走廊上的生物
烧烤炉 甘肃省博物馆	汉代	边防将士的生活
绢底平绣人像 甘肃省博物馆	汉代	汉代生活日常
四时月令诏条 甘肃简牍博物馆	汉代	中国最早的环境保护法
木舞俑 甘肃省博物馆	汉代	汉代舞蹈艺术
彩绘木舞俑 甘肃省博物馆	汉代	事死如事生葬俗

彩绘木雕鸠杖头 武威市博物馆	汉代	汉代尊老制度
盾牌图壁画砖 高台县博物馆	魏晋	魏晋时期的军事装备
驿使图壁画砖 甘肃省博物馆	魏晋	丝绸之路快递业务
伯牙抚琴壁画砖 高台县博物馆	魏晋	魏晋时期的墓葬信仰
食饭举陶盉 瓜州县博物馆	魏晋	魏晋时期的悲惨社会
八鸟朝阳彩绘藻井砖 武威市博物馆	魏晋	魏晋时期的墓葬信仰
高善穆石造像塔 甘肃省博物馆	北凉	佛教东传
天梯山菩萨壁画 武威市博物馆	北凉	中国石窟鼻祖
飞　天 金塔寺石窟	北凉	中国石窟艺术
东罗马神人纹鎏金银盘 甘肃省博物馆	公元4—6世纪	东西方文化交流
麦积山薄肉塑飞天 麦积山石窟艺术研究所	北周	麦积山石窟艺术
莫高窟接引佛影塑像 敦煌研究院	北周	莫高窟艺术

三兔藻井 莫高窟	隋代	莫高窟艺术的世界影响
象牙佛 中国国家博物馆	隋唐时期	玄奘取经与中国文物保护
凉州瑞像造像碑 甘肃省博物馆	公元698年	隋唐政治变革
彩绘灰陶袒胸胡人俑 庆城县博物馆	唐代	隋唐时代中西方文化交流
放妻书 英国国家图书馆	唐代	唐代婚姻制度
木马 瓜州县博物馆	唐代	河西走廊上的天马传说
景教十字纹牌饰 敦煌研究院	11世纪	基督教在中国的传播
西夏字木印章 敦煌研究院	西夏	西夏历史及其文字
玄奘取经图 榆林窟	西夏	玄僧取经与中华民族共同体形成
莲花形玻璃托盏 甘肃省博物馆	元代	中国的玻璃工艺
天梯山石窟坐佛造像 武威市博物馆	元代	藏传佛教的传播

莫高窟六字真言碑
敦煌研究院

嘉峪关长城工牌
嘉峪关长城博物馆

榆林窟"庄严法界"匾
榆林窟

元代　　中华民族共同体形成

明代　　东西方历史的分野

清代　　中国科举制度